众创空间与高校创新创业教育

戴秋花　著

中国原子能出版社

图书在版编目（CIP）数据

众创空间与高校创新创业教育 / 戴秋花著 . —— 北京：
中国原子能出版社，2023.5
ISBN 978-7-5221-2700-2

Ⅰ . ①众… Ⅱ . ①戴… Ⅲ . ①高等学校 – 创造教育 –
研究 – 中国 Ⅳ . ① G640

中国国家版本馆 CIP 数据核字 (2023) 第 080176 号

内容简介

本书属于高校创新创业教育方面的著作，由高校创新创业教育发展的概况与趋势、高校创新创业教育的理想载体、众创空间与高校创新创业教育多维深度结合、众创空间为高校创新创业教育提供的平台与载体、众创空间与高校创新创业教育发展的典型案例、高校众创空间创新孵化能力的评价、众创空间与高校创新创业教育发展的策略七部分构成，全书主要研究新时代高校创新创业教育发展道路中，众创空间所发挥的作用，分析高校创新创业教育发展现实情况和未来发展趋势的同时，阐述众创空间进一步推动高校创新创业教育发展的实施策略，对从事高校创新创业教育工作的研究学者和工作人员有学习和参考价值。

众创空间与高校创新创业教育

出版发行	中国原子能出版社（北京市海淀区阜成路 43 号　100048）
责任编辑	王　蕾
装帧设计	河北优盛文化传播有限公司
责任印制	赵　明
印　　刷	北京天恒嘉业印刷有限公司
开　　本	710 mm×1000 mm　1/16
印　　张	11.875
字　　数	220 千字
版　　次	2023 年 5 月第 1 版　2023 年 5 月第 1 次印刷
书　　号	ISBN 978-7-5221-2700-2　定　价　78.00 元

前　言

　　高校创新创业教育的蓬勃发展为加快我国创新型国家的全面建设提供了至关重要的推动作用，更为新时代中国特色社会主义现代化强国目标的全面实现源源不断输送高质量人才。随着时代的飞速发展，众创空间建设与发展全面兴起，高校创新创业教育有效将其运用，必然会为培养出更多优质的创新创业型人才，助力中华民族伟大"复兴梦"的全面实现。

　　本书第一章作为基础部分，主要推进当前我国高校创新创业教育发展的概况和发展趋势。本章首先就高校开展创新创业教育的重要意义进行了明确分析，其次就当前高校创新创业教育发展的现实情况进行了概括，包括教师队伍建设、"硬件"条件、教育资源等多个方面，随后则是就新时代背景下的高校创新创业教育发展方向作出客观研判，即"专创融合"。

　　本书第二章作为实证研究部分，主要立足新时代对高校创新创业教育发展提出的新要求，明确高校创新创业教育所面临的新挑战，并就众创空间的内涵，进行系统性说明，为立足众创空间深入探索全面提高新时代高校创新创业教育质量的可行性策略奠定了坚实基础。

　　本书第三章作为辨析部分，主要通过众创空间促进高校创新创业教育多维深度结合的具体表现，说明众创空间在新时代高校创新创业教育发展中发挥着重要的推动作用。其中，明确指出众创空间能够成为高校创新创业教育的主体方向、让高校创新创业教育活动拥有明确的内容，为高校开展创新创业教育提供了全新的教育模式，充分证明众创空间在高校创新创业教育中的应用价值。

　　本书第四章为作用分析部分，主要立足创新创业场地设施方面的平台与载体作用、创新创业技术与设备方面的服务支撑作用、高校学科教育与教师队伍方面的合力作用、众创空间在高校创新创业教育中形成的良好运行机制等四方面，将众创空间应用至高校创新创业教育中必然会产生的作用进行系统化分析，由此确保高校众创空间建设与发展在推动新时代高校创新创业教育中的实用性。

本书第五章作为案例分析部分，主要立足高校众创空间建设与发展全面兴起的大背景，从高校创新创业政策环境方面、"创客空间"与"创新工场"的深化改革方面、创新创业教育发展要素的全面性方面发生的改变，进而充分说明高校创新创业教育有效运用众创空间不仅能够实现教育的全面发展，更能确保高校大学生创新意识、创业精神、创新创业能力的全面发展，为高校众创空间促进创新创业教育发展提供可行经验。

本书第六章作为高校众创空间促进创新创业教育发展的保障条件部分，即高校众创空间创新孵化能力评价体系的构建。笔者从高校众创空间创新孵化能力的评价标准、评价模型、评价指标体系等三方面构建，确保高校创新创业教育立足众创空间实现可持续发展。

本书第七章作为策略探究部分，主要立足高校创新创业教育力求与师生和现代技术的"双对接"、力求高校创新创业教育校本化与教育联盟并行、实现高校创新创业教育"实体化"和"双完善"兼容并包，明确众创空间推动高校创新创业教育高质量发展的具体实施策略。

目　录

第一章　高校创新创业教育发展的概况与趋势

谋求可持续发展并实现又好又快发展目标的重要前提在于全面回顾过去和客观审视当下，从中找出事物发展的一般规律，进而对未来作出准确的研判，探究高校创新创业教育的未来发展趋势亦是如此。不仅要针对高校开展创新创业教育的重要意义进行深入分析，同时还要就当前高校创新创业教育发展的现实情况作出明确概括，从中了解高校创新创业教育各个阶段发展的一般规律，方可确保未来的发展方向得到更加客观而又准确的判断。为此，本书将其放在第一位。

第一节　高校开展创新创业教育的重要意义

创新创业教育作为全面培养教育对象创新意识、创业精神、创新创业能力的教育活动总称，是时代发展的重要产物。高校作为高质量人才培养的前沿阵地，立足时代发展的切实需求培养与之相适合的高质量人才无疑是使命和任务所在。将我国全面建设成为新时代社会主义现代化强国是当前根本任务，将我国建设成为创新型国家则是当前的根本目标，在这一根本任务和目标的驱动下，高校必须进行创新创业型高质量人才培养，而创新创业教育的高质量发展发挥着至关重要的作用，具有极为突出的时代意义。

一、高校创新创业教育课程的教育目标更具特色

高校创新创业教育的发展通常直观体现在课程建设成果上，因为课程往往为人才培养提供广阔的平台，课程建设趋于理想化必然会为人才高质量培养提供理想前提，反之不言自明。在新时代背景之下，高校创新创业教育发展道路中，课程建设必然会取得令学生、教师、学校、社会满意的成果。其

间，课程目标极具特色显然是最为根本的体现。所谓的"课程目标"，就是课程建设成效的衡量标准。高校一切形式的教育都是为学校的育人目标服务，创新创业教育作为高校人才培养的一部分，服务于学校的人才培养目标。但创新创业教育不是学校整体人才培养的赘述，创新创业课程的目标是对整体人才培养目标不同侧重、不同延伸方向的表述[①]。为此，在新时代背景下，高校创新创业课程目标显然会依据创新创业教育的理念与价值取向，以学生为中心、以学科知识为根基、以社会需求为导向，设置具有层次性、明确性的课程目标。对此，结合当今时代大背景和创新创业教育的特质，创新创业教育课程目标势必会包含创业意识的养成、创业知识的掌握、内化以及创业经验的生成三个层次。

（一）创新创业课程基础目标

创新创业课程基础目标即培养创业意识。从创业企业家能力培养的视角，企业家应具备创新创造的能力，因此培养学生的创造力、创新力、洞察力、社会责任感、开拓精神等，是创业教育课程的基础目标。创业意识对于创业知识的转化与创业技能的形成具有推动作用，通过课程培养学生的大工程观，启发学生创新创业的潜意识，从而使学生个体成为继续学习创业教育的主动者。

（二）创新创业教育核心目标

创新创业教育核心目标即传授创业知识。知识本身并不能直接使学生产生创新思维，需要将知识内化为学生头脑中的创业认知图式，才能激起创新、创造思维。尤其是针对具有高科技创新潜质的工科大学生，更应注重创业知识的内化，以激发其创新潜能。因此，创业知识的内化应作为创业课程的核心目标，通过课程教学为学生搭建创业知识结构。

（三）创新创业课程最终目标

创新创业课程终极目标即创业经验的生成。不论是意识的形成还是知识内化，最终只有在实践中才能使学生内化于心的意识意念产生"化学反应"，转化为实际成果，实现知识资本化、技术市场化。经验的生成便是将知识转化为实用技能。创新创业教育的最终目标应明确提出面向社会行业市场培

---

① 王琪.高校创业教育改革的方式与路径研究[J].高等工程教育研究，2018（4）：180-184.

养创新创造型人才，培养学生灵活运用所学知识，创造性解决实际问题，促进科研成果市场化、商业化转换的能力[①]，使学生成为未来高科技产业的领头人。

二、学科专业课程与创新创业教育课程结构更加协调

就影响高校创新创业教育质量的主要因素来看，课程结构的设计是否合理显然会直接影响教育质量是否趋于理想化。其原因在于课程结构合理更有利于教师将专业能力充分发挥出来，让教育资源的作用与价值得到充分呈现，反之则不然。具体而言，课程结构是指在一定课程价值观念的指导下，学校课程系统中的组成要素、要素间的组织、排列形式以及各要素间的配比关系[②]。课程结构是将教育理念转化成实际效果的纽带，同样影响着创新创业课程特定功能的实现。创新创业教育自身的跨学科性、实践性、综合性等复合的价值取向以及创业教育内在的多元化价值整合，要求改变传统断层式、平台式的课程结构[③]。在新时代背景之下，高校创新创业教育必然会形成跨学科发展之势，学科与学科之间、专业与专业之间必然会通过创新创业教育联系在一起，进而形成高校创新创业教育课程群。

在课程群的建设过程中，必然会推动由零散走向整合，同时也会一改高校创新创业课程建设与发展"只见课程不见人"的局面，让课程群所下辖的课程真正以大学生为主体，一切教育教学活动都围绕高校大学生创新意识、创业精神、创新创业能力的全面发展这一中心来进行。在此过程中，高校之间必然会保持广泛合作的思路，积极借鉴的同时找出更加适合本校创新创业教育课程群建设的理想方案，真正做到"以彼之长补己之短"，最终形成连续多向型课程群。其中，高校也必然会对课程群建设提出更高的要求，更加注重群与群之间、群内部各门课程之间的层次性、关联性。做到课程模块合理性包含通识创业类、专业创业类、实践项目类三个课程模块，涵盖创业知识的传授、创业意识的培养、创业素质和创业实操能力的提升等方面。这显然为全面提升新时代高校创新创业教育质量增添了重要砝码，同时也推动了"专创融合"的深度发展。

---

① 谭菊华，韩桥生，邱东升.大学生创业教育课程设置探究[J].教育学术月刊，2008（03）：72-74.

② 加塞特.大学生的使命[M].杭州：浙江教育出版社，2001：93.

③ 王小虎，陈姚.创业教育融入人才培养体系的思考与实践——基于全国性双创教育调查的研究分析[J].中国高等教育，2019（05）：40-42.

此外，通识教育是高校创新教育的重要组成部分。新时代高校创新创业教育发展道路的研究与探索要将通识教育放在最基础的位置，让学生深刻感知和理解什么是创新、什么是创业、什么是创新创业、为什么要创新创业。在此过程中，高校将通识类创业模块课程贯穿大学四年，以基础创业知识传授为主，要培养学生的创业意识。课程模块内的课程之间需要根据不同学生群体有一定的区分，如通识模块中的法律类课程，不能直接将专业性很强的课程作为面向全校学生的通识课，而应转化为具有通识教育性质的内容。专业创业模块课程主要根据学生的学科背景，为学生提供专业领域内创业知识，培养学生立足专业进行创业的意识与能力。一方面，在专业教育中渗透创业思维；另一方面，通过渗透式课程，根据不同学科领域设置符合学科特点的创业内容。实践项目类课程模块主要为学生设计与理论知识匹配的创业模拟实训、科技创业实验等活动，将学生所学的理论知识应用到具体的活动中，在实践中加深对创业活动的认知，实现对学生的情感价值观与实践能力的双重培养。

三、创新创业师资队伍建设更加趋于理想化

创新创业教育作为我国高等教育全面实现提质增效，迈向又好又快发展新阶段的重要推手，不仅助力我国高等教育"新工科""新农科""新医科"等交叉学科建设工作的全面开展，让我国高校学科课程群建设成为了现实，更让高校创新创业教育的品质得到了全面提升，故而高校创业师资队伍建设与发展必然会趋于理想化，真正助力高校大学生日常学习活动实现"专创结合"。

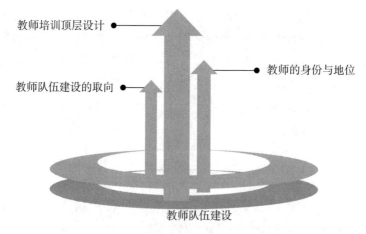

图 1-1　教师队伍建设的成果体现

如图 1-1 所示，面对时代的发展，高校创新创业教育的发展在"软件"水平上必然会得到全面提升。其中，最为直观的体现就是教师队伍建设方向会愈加明显，始终与时代发展道路中的人才需求相一致，并且教师的身份与地位，以及教师培训工作的途径和方式上也会不断拓宽，以此确保高校创新创业型人才培养始终有强大的"软件"条件作为支撑。下文立足这三方面进行明确论述，充分说明创新创业教育发展能够推动高校创新创业师资队伍建设趋于理想化。

（一）教师培训的顶层设计得到明显增强

想必广大教育管理者和广大教师都能深刻理解培训活动在全面提升教师队伍质量中的作用所在，高校创新创业教师队伍建设显然也是如此。尤其是在新时代背景下，高校教师队伍建设与发展必须紧紧围绕对高校人才培养所提出的新要求，以多种途径不断强化教师的综合能力与综合素质，高校创新创业教师队伍建设自然也要将其视为重中之重。在此期间，高校势必会将其纳入高校师资培训整体规划中。制定聘用标准，为教师提供各种培训项目，组织教师参加创业模拟、创业培训、案例教学论坛等，组织专门针对教师的创业赛事活动如教学竞赛等。

（二）教师的身份与地位得到明显提高

高校创新创业教育的全面发展，最终的成果就是要大力推动我国创新型国家的建设与发展，为新时代中国特色社会主义现代化强国建设培养更多合格人才。在此过程中，全方位的教育教学工作显然是至关重要的一环，教育工作者的作用显然毋庸置疑，更无法取代。对此，在新时代背景之下，高校创新创业教育实现高质量发展就必须全面加强教师队伍建设力度，而最根本的一环显然是在身份和地位上高度明确。其原因在于从根源上打通职业晋升的围墙，承认任教创业教育教师的身份地位，与教师职业发展目标挂钩。将创业教育教师纳入学校教师管理制度中，并作为教师评审制度的一部分。通过多种方式激励教师长期从事创业教育，使教师感受到担任创业教育授课教师这一职业的生命力与良好的发展前景。

（三）教师队伍建设的取向更接近完美

高校创新创业教育的产生、成熟、发展是时代进步的必然产物，面对新时代高校创新创业教育高质量发展更是必然。其中，特别是在高校创新创业教师队伍建设方面，无论是在教师数量上，还是在教师的结构上显然都有更高的要求，由此确保高校创新创业教育的高质量发展，为新时代中国特色社会主义现代化强国建设培养出更多高质量人才。具体而言，高校创新创业教育要根据不同类型创业课程的需要来搭建师资队伍。通识类创业课程需要具备一定创业理论基础的教师，而专业创业课程的教师不仅要具有扎实的专业知识，还要有一定的创业实践经验，庞大的学科专业教师队伍是其优势之一。因此，高校必然需要做到充分调动各学科专业教师的积极性，鼓励学科专业教师参与创业教育教学。教师的加入必然会将工、商结合，有助于打破学科之间的界限，为基于行业导向的创业教育提供内源性支撑。实践活动类创业课程则对教师的创业实践经验提出了较高的要求，为此应充分利用校友资源、校企合作资源优势，聘请校外人员作为兼职导师。学校从企业中选聘具有丰富工作经验的高水平、高学历的技术人员担任学校的兼职教师（实践型教师），外聘从入口解决了"双师型"教师培养问题[1]。为了保障教学质量，还可以制定一套专门针对校外教师的管理制度，从而有组织、有计划地聘请校外人员为学生授课、指导学生参与创业竞赛等。这些促进高校创新创业教育发展的路径显然为全面建设一支高质量的创新创业教师队伍拥有极为理想的条件，不仅全面提升高校创新创业教育"软件"水平，更能全面提升高校创新创业人才的培养质量，真正为新时代中国特色社会主义现代化强国建设源源不断地输送高质量人才。

四、学科专业教育与创新创业教育结合程度更高

知识经济时代的飞速发展无疑成就新时代的到来，在新时代背景之下，知识经济已经成为社会经济飞速发展的核心动力，新科技、新技术、新材料、新工艺的研发已经成为全面加快社会发展的重要推动力。为此，在新时代背景下的高校创新创业教育发展道路中，必然会将新科技、新技术、新材料、新工艺作为教育内容的重要组成部分，从而达到通过课程内容的选择与凝练确保课程构建的科学性与合理性。在这一过程中，显然会意识到课程内容的整合不是简单的拼凑，而是有机组合和全新创造。同时，课程内容的选择需要考虑到创业教育的特殊性，还应关注社会价值，注重外部行业市场的动态发展，从而实现高校创新创业教育课程内容具有高度的实践性。此外，

---

[1] 李湜鸣.新加坡创业教育的成功经验及其启示[J].科技信息（科学教研），2008（03）：121—122.

知识经济时代依赖高科技已经成为不争的事实，所以在新时代高校创新创业教育发展中，必然会对创新创业教育的内容带来更为深刻的影响，教育内容从偏重于商业运作、经济管理知识和技能的教授转向兼顾创业者如何基于知识创新，实现科技创业。这便是高校多途径开展跨学科创业课程，增强创业教育与专业教育融合的时代背景，更是高校开展创新创业教育重要意义的又一明确体现。

（一）实用性理论能够得到明显强化

众所周知，一切行动的落实都必须要有充足的理论作为支撑。也就是说行动过程在理论层面上具有高度的可行性方可通过实践去验证，如果在理论上可行性不高，或者没有可行性，那么行动实施的最终结果必然会与预期目标相差甚远。在这里实用性理论固然起到关键性作用，高校创新创业教育实践活动的开展依然不排除在外。所谓的"实用性理论"，是指学科课程传授的相关知识可以运用于实践当中，支撑实践活动的开展。在新时代高校创新创业教育发展道路中，课程内容显然会涉及更多相关的可实践性理论知识，以实用理论或实训课程教育学生。具体操作则是开设一些既有理论教学又辅之实践活动即理论与实践一体化课程：如"评估生物医学业务概念"，此门课程先是传授生物医学的相关专业知识，再通过所学理论知识匹配的实践活动，将学生内化于心的知识外化于行。课程内容中包括了学生团队与创业的利益相关者、专家等人员共同讨论公司发展的关键问题。这些实用性理论知识显然可以让学生能够明确在学科专业领域内存在哪些创新创业视角，哪些视角下蕴藏着极度可行的创新创业项目，在创新创业项目中会存在哪些必然问题和潜在问题，由此让学生在学科专业层面和创新创业层面得到同步发展。

（二）拓展实践活动课程的延展性必然得到全面提升

从创新创业教育深度发展的角度来看，理论与实践的高度结合无疑是最为理想的发展思想。其中，理论课程的全面建设与发展固然是基础所在，而实践活动是创新创业教育的精髓所在。在新时代背景之下，高校创新创业教育的发展必然会将打造实践活动平台，为学生提供更多更优质的实践教学，放在重要位置，从而让创新创业教育本质特征更为明确地体现出来。具体而言，实践活动最能体现创业教育特点、性质，能够丰富学生的创业知识，提升学生的创业意向，让学生实际体验创业活动的各环节，同时也是培养高校大学生动手实践能力必不可少的环节。创业竞赛、模拟实训类课程是高校经常采取的形式，创业竞赛可以使学生完成团队组建、创业计划书写作、创业融资等方面的模拟训练，期间配备导师进行指导，将理论知识的学习与实践对接。一方面，可以加深对理论知识的掌握；另一方面，有助于锤炼学生的实践能力。此外，学校组织安排的创业竞赛类活动应围绕学生所学专业，鼓励学生基于自己的专业领域开展创业活动。利用专业平台，发挥科技研发优势，举办科技创业竞赛，做好竞赛的两级延伸，一级是科技创新创业培训，另一级是赛后的转化落地。同时可以将项目成果转化为教学案例，以充实教学内容，这些重要举措的全面落实，必然会全面推动学科专业教育与创新创业教育之间实现高度融合。

五、有助于全面改善就业难的局面并加快时代发展进程

从 2005 年到 2015 年十年间，全国高校毕业生人数由 340 万逐年递增到了 727 万，而 2015 年至今，高校毕业生数量依然处于逐年递增的状态，大学生就业结构性矛盾更加突出，就业形势更加严峻。2015 年，中央明确提出"大众创业、万众创新"的新理念新要求，国务院出台《关于深化高等学校创新创业教育改革的实施意见》，教育部下发《关于做好 2015 年全国普通高等学校毕业生就业创业工作的通知》，这些都旨在全面推进创新创业教育和自主创业工作。面对严峻的就业形势和良好的政策支持氛围，高校已经普遍进行创新创业人才培养模式的深入探索工作，大力培育学生的创业意识和创新精神，而这无疑对全面改善大学生就业难的问题有着重要意义。不可否认的是，改善就业难的局面就意味着创新创业成为高校大学生社会发展的主要取向，而创新创业教育在学生成功创业之后依然会为高校大学生提供创业服务，由此确保创新创业项目发展的可持续性，这无疑为全面实现将我国建设成为创新型国家，并最终将我国建设成为新时代中国特色社会主义现代化强国源源不断地增添动力，确保时代发展进程的不断加快。

综合本节所阐述的观点，不难发现在新时代背景之下，高校创新创业教育的发展不仅让课程目标和内容方面实现了质的提升，同时更让教师队伍建设和高校大学生就业形势得到了本质层面的改变，确保高校创新创业型人才培养质量的同时，还能够为全面建设新时代中国特色社会主义现代化强国源源不断地输送高质量人才，进而实现新时代发展进程的不断加快，而这些显然都是高校开展创新创业教育的重要意义所在，并且也为新时代

高校创新创业教育发展指明了方向。在下一节内容中，我们将更针对性地做出明确阐述。

第二节　当前高校创新创业教育发展的现实概况

纵观当前我国高校创新创业教育发展的现实情况，客观判断所取得的伟大成就无疑是有效研判其未来发展方向之根本所在，但客观了解当前的现实情况需要有一个极为重要的前提条件作支撑，即明确我国高校创新创业教育发展的历程，而这也正是"博古通今"的道理所在。为此，在本节观点论述过程中，就以我国高校创新创业教育发展历程的全面回顾作为基础，进而将我国当前高校创新创业教育发展的现实情况作出系统性概括。

一、高校创新创业教育的发展历程

追溯我国高校创新创业教育的起源，不难发现所谓的创新创业教育距离新时代并不遥远，在20世纪90年代创新创业教育正式进入我国高校，随着时间的推移，发展的过程显然充分体现出中国特色，尤其是与发达国家自下而上的创新创业教育发展道路截然不同，不仅在我国教育事业发展中处于战略性地位，更在全面建设创新型国家并最终将我国建设成为新时代中国特色社会主义现代化强国道路中，发挥着至关重要的推动作用。在历经20余年的发展过程中，主要得益于政府的政策指导和国家的战略支持，并且其发展受到国家相关政策的重要影响，主要经历了三个重要阶段。

（一）自主探索阶段（1997—2002年）

我国高校创新创业教育始于20世纪90年代末，其开端是1997年，清华大学经济管理学院开设了创新与创业课程，标志着我国高校创新创业教育就此拉开序幕[①]，高校教育第一次将"创新"与"创业"联系在一起，让广大高校学生对创业有了新的认识。之后，复旦大学、武汉大学等高校也将创新创业引入到教学之中，这一时期的创新创业教育主要是以创业计划大赛等为重要形式。

---

① 王占仁.中国创业教育的历史发端与科学表述论析[J].东北师大学报（哲学社会科学版），2015，6（4）：181-185.

随着时代的发展与社会的进步，我国在科学技术领域逐渐得到了突破和创新，"知识成就未来"这一观点也随之得到了广大高校大学生的高度认可，由此也让广大高校深刻意识到运用所学知识造就新技术和新生产力成为未来社会发展的主要方向，由此"知识经济"时代也随之全面开启。在知识经济初露头角的发展背景下，人才资源在我国现代化经济的发展以及现代化建设战略的布局中发挥着举足轻重的作用。1999 年，教育部在《面向 21 世纪教育振兴行动计划》中提出，实施"高层次创造性人才工程"和"高校高新技术产业化工程"，重点突出高校在国家技术创新体系中的重要作用。在高等院校日常教育教学工作中，创新和创业教育发展速度得到了进一步加快，高校创业教育也随之有了新的战略部署。其间，强调高校要充分发挥其人才和创新优势，完善师生的创业教育，积极创造机会和条件，助力师生积极参加到高新技术产业的发展中，使之成为培养创新人才的实践基地，推动新兴技术产业的发展壮大，促进社会经济发展。这是我国政府对于高校创新创业教育的首次官方回应。但这一时期的创新创业教育更多的是服务于经济领域，仍然游离于高等教育之外，且较多的应用于职业院校，旨在通过提高人才质量，提高市场经济效益。

（二）试点推广阶段（2002—2010 年）

进入 21 世纪，自中国成功加入世界贸易组织后，我国创新创业教育发展进入了新的阶段，逐渐有理论探索迈向实践探索。其间，2002 年教育部确定在中国人民大学、武汉大学、北京航空航天大学等九所院校进行创新创业教育的实践试点工作。其中，高度重视为之提供强大的人力、物力、财力上的保障条件，给予政策支持、人才设备引进、经费支持等，确保高校创新创业教育发展的实践摸索能够有条不紊的进行，并不断获得实践成果。尤其需要注意的是，在这九所试点院校中，鼓励其采用不同科学方法推行创新创业教育的实践探索，高校创新创业教育由自主探索转向政府支持引导的发展阶段。

2003 年，我国第一批扩招生面临毕业，显现出的就业压力成为摆在高等教育发展道路中的棘手问题，如何将这一棘手问题进行有效化解无疑成为广大高等教育工作者所关注的焦点，为了缓解就业压力，鼓励自主创业成为重要指引。2005 年，KAB 创业教育项目被引进到国内高校，这是在学习国外成功实践下的中国尝试，旨在鼓励大学生自主创造岗位，培养创新型人才。2008 年，教育部又集中资源，建设了创新试验区，探索创新人才培养道路，在积极实践探索中，各高校积极响应号召，开展基于校情的多样化创新创业教育实践。这一时期，主要以创新创业竞赛为重要牵引，取得了一些成功经验。如中国人民大学主要以课堂教学为主线，开设了"风险投资""创业基础"等相关课程，注重在创业知识结构基础上培养学生的创新创业意识。复旦大学还建立了创业管理学院，成立大学生创业园，注重创业技能的提升。这一时期的创新创业教育主要形成了以试点推进和项目引进为主的工作模式，在各高校的实践探索下，积累了大量成功经验。

（三）全面发展阶段（2010年至今）

高校全面扩招作为我国全面提高公民受教育水平的一项重要品质，2010年全面扩招后的高校大学生就业压力更加严峻，同时我国也已经开启了全面建设创新型国家的准备工作，为了更好地解决高校大学生就业难，同时促进我国各项事业实现创新发展，故而全面加大高校创新创业教育的改革力度。同年，教育部颁布《关于大力推进高等学校创新创业教育和大学生自主创业工作的意见》，标志着创新创业教育步入教育部行政指导下的全面发展阶段。教育部明确提出，创新创业教育的核心内涵是"面向全体学生、结合专业教育、将创新创业教育融入人才培养体系"。这一政策显然在全面加快我国高校创新创业型人才培养步伐有着重要指导意义，同时也为高校创新创业教育的新发展指明了方向，"专创融合"的创新创业教育时代就此开启的同时，创业创业教育发展的主视角也随之得到了进一步扩大，大学生创新创业也成为服务和推动行业保持可持续发展状态，以及实现又好又快发展的目标的新生力量。在此过程之中，重点突出其育人本质，在确定其促进毕业生高质量就业创业功能的同时，更加强调创业文化精神的引领作用。强调要始终围绕人才培养本质，不断更新完善教学手段和方法，全面科学推进创新创业教育工作。

2015年国务院办公厅印发《关于深化高等学校创新创业教育改革的实施意见》，要求各地区、各高校把深化高校创新创业教育改革作为当前教育教学综合改革的重要任务。因此，高校创新创业教育深化改革之路全面开启，正是以此为起始点，我国高校创新创业教育发展也开启了又好又快的发展征程。在此期间，取得的成就固然辉煌，但同样伴随着诸多艰辛，在无数高校创新创业教育工作者，以及有关专家和学者的共同努力下，当前我国双创教育示范基地的数量逐年递增，并且有超过两百所高校已经成为创新创业教育改革示范性高校，财政部每年为之划拨的资金也逐年增加，而这也充分体现出国家高校创新创业教育改革与发展的极度重视，也能突出高校创新创业教育提质增效在当今时代的战略地位。同年，国务院办公厅印发"众创空间"纲领性文件，即《关于发展众创空间推进大众创新创业的指导意见》，明确指出众创空间是新的互联网时代下的创业服务机构和新型孵化器的代表，是构建面向人人的主要创业服务平台，是加速推动科技型创业支撑经济转型升级的重要载体，应作为新时代高校创新创业教育高质量发展的重要抓手。

总体而言，这一时期的高校创新创业教育更具体、更科学、更全面，突出强调育人本质，从突出促进就业功能转向学生创新创业精神的培养上。同时，通过新型人才培养机制，打破了学科专业间，学校与产业间，理论与实践之间的壁垒。高校创新创业教育的中国理念、中国模式正不断形成完善。

二、我国高校创新创业教育与专业教育融合的主要模式

众所周知，大学生就业作为重要的民生话题，改变高校大学生固有的就业形势是全面加快中国特色社会主义事业建设与发展步伐的关键所在。2010年作为我国高等教育深化改革的极为重要的一年，全面加强高校创新创业教育改革与发展的深度，全面实现提质增效的发展阶段也随之走来。在这一年中，教育部下发《关于大力推进高等学校创新创业教育和大学生自主创业工作的意见》，明确指出大学生自主创业作为高校育人工作的一项重要内容，同时加大高校的学生创新创业教育投入力度，确保高校大学生在创业视角方面始终保持创新，进而推动社会各项事业创新发展之路的全面建设。2017年教育部出台《关于做好 2018 届全国普通高等学校毕业生就业创业工作的通知》等一系列政策，这些政策性文件显然为高校创新创业教育发展具有颠覆性的推动作用，明确指出创新创业教育要走"三全化"教育模式的同时，还要做到创新创业教育能够促进行业实现又好又快发展，即"创新创业教育要面向全体，融入人才培养全过程"[①]，"根据人才培养定位和创新创业教育目标要求，促进专业教育与创新创业教育有机融合"[②]，"促进专业教育与创

---

① 教育部.关于大力推进高等学校创新创业教育和大学生自主创业工作的意见 [EB/OL]. http：//www.moe.gov.cn/srcsite/A08/s5672/201005/t20100513_120174.html.

② 国务院办公厅.关于深化高等学校创新创业教改革的实施意见 [EB/OL].http：//www. gov.cn/zhengce/content/2015−05/13/content_9740.html.

新创业教育有机融合,将创新创业教育贯穿人才培养全过程"[1]。与专业教育融合也是美国考夫曼基金会所推崇的推进创新创业教育的最佳途径[2]。可见,加强二者的融合不仅是国内推进创新创业教育工作的重要指导原则,也是国际上创新创业教育实践采取的重要方式。

我国在实践探索中,主要形成了嵌入和广谱两种具有代表性的融合模式。嵌入式的融合模式是通过课程设计,在专业教育中嵌入基本的创新创业知识,以创新创业精神的培养为重点,或将创新创业的相关内容渗透到教学之中,在日常学习中提升学生基本的创新思维,这是在发展初期高校实施创新创业教育的主要思路和方法。这一融合方法最大的优势在于融合过程只需要考虑专业教育与创新创业教育内容之间的相契合,存在明确的契合点就意味着二者之间存在明显的联系,进而通过理想的教学方法和手段来实现融合的目的。但在实际运行中,创新创业教育的深入发展遇到极大的困难。通常的情况下,专业教师在教学实践活动中,很难有效拿捏融合的程度,往往在进行学科专业理论和实践教学活动时,不经意间就将学科专业教育作为了主体,而创新创业教育的相关内容和资源的运用则放置在一边,由此导致在专业课堂教学活动中创新创业教育的内容主体性很难得到保证,使得创新创业教育容易处于边缘化地位。因为各学科专业在长期发展中,已经形成了较为成熟的教学范式,且专业教师短期内难以改变专业教育内容和方式,在原有框架上加入创新创业教育内容,通常只是表现为教学大纲里的指导计划和安排,却难以在日常教学中成为实际的行动[3]。再从创新创业教育角度出发,在日常教学实践活动中,虽然创新创业理论教学活动能够做到以学科专业的真实案例作为辅助,让学生了解到创新创业与所学的专业内容之间存在一定的关联性,让学生能够从专业发展的角度去进行创新创业项目的研发,但是案例终究是案例,在教学活动中所占的空间较小,实践教学活动更是如此。在这里,笔者不禁要反思一个问题,这样的融合方式真的实用吗?答案显然是否定的。

王占仁教授明确指出广谱式创新创业教育是我国创新创业教育发展的

---

①　教育部.关于做好 2018 届全国普通高等学校毕业生就业创业工作的通知 [EB/OL].
http://www.moe.gov.cn/srcsite/A15/s3265/201712/t20171207_320842.html.

②　Mars M M, Metcalfe A S.Entrepreneurship education[J]. ASHE higher education report,
2009,34(5):11+63-73.

③　卢卓,吴春尚.专创融合改革的理论逻辑、现实困境及突围路径[J].教育与职业,
2020,10(19):74-78.

重要方向。"广谱"包含"广义"和"普及"两层含义①。随着创新创业教育呼声日益高涨，为响应国家号召，一些高校虽然高举创新创业教育改革大旗，突出教育的全面覆盖性，全面开启学生创新意识、创业精神、创新创业能力全面培养之路，强调以学生创新创业兴趣的培养为根本，一心只为满足当今时代对创新创业型人才的需求。"喜忧参半"的是，虽然取得了令社会瞩目的骄人成绩，但是依然有局限性普遍存在，故而创新创业教育专创融合的发展空间依然极大，还有诸多具有关键性推动作用的因素值得广大高校创新创业教育工作者和有关学者不断进行深入的探索与研究。广谱式强调创新创业教育面向所有专业，所有学生。不仅满足大部分的主要需求，也不忽视小部分的特殊要求，一方面，进行整体上的统筹规划，另一方面，也要具体到不同对象、不同层次和不同阶段的计划安排。

结合当前我国高校创新创业教育发展所经历的艰辛，可以深刻体会到学科创业教育与之相融合已经成为明确方向。其间，既强调教师队伍之间形成相互融合，还要做到教育内容和教育资源之间保持相互融合，让创新创业教育既体现出高度的学科专业性色彩，同时又要体现出创新创业教育资源的高度专业性、系统性、完善性，由此让创新创业成为推动行业保持又好又快发展和创新型国家全面建设的重要推动力。广大高校创新创业教育工作者还要深刻意识到创新创业教育与专业教育的融合不是一蹴而就的，创新创业意识是在长期学习和实践中养成的。所以为了实现新时代高校创新创业教育全面培养高质量的创新创业型人才，"专创融合"的道路应采用广谱式融合方式来进行，强调分阶段、分层次的人才培养计划，注重高校大学生创新意识、创业精神、创新创业能力形成与发展的一般规律。其间，首先要明确教育对象为全体学生，要向所有学生开展"通识型"的启蒙教育，引导学生形成正确的创新观念和意识，让广大高校大学生能够理解什么是创新和为什么要创新，为其接受创新创业能力培养打下坚实基础。随后，在学生具有基本的创新意识和创业知识结构的基础上，根据学科专业的特点，帮助学生掌握专业性的创新创业知识和技能。在此过程中，既要做到在目标、内容、方法上，突出普适性特征，同时也要彰显出个性化的特点，让学生理解和掌握基本的创新创业基础知识，同时还能掌握专业领域创新创业所要关注的视角和基本实际操作技能。而针对有明确创业想法

---

① 王占仁."广谱式"创新创业教育体系建设论析 [J]. 教育发展研究，2012，8（3）：54-58.

和意愿的学生，要鼓励其发挥特长，通过开设创业班、创业实训等，创造真实的市场环境和机会，提升学生解决实际问题的能力。最后，还要对在校和毕业创业者进行"继续教育"，在企业初创期及时提供帮扶并给予持续关注，并根据创业者的需求反馈，不断完善创新创业教育体系。广谱式的创新创业教育否定了教学生创办企业当老板的功利性，也避免了将创新创业教育泛化为一般素质教育的价值取向，是我国高校当前可广泛采纳的重要教育思想。

综合本节所阐述的观点不难发现，高校创新创业教育虽然在我国的发展历程并不长，但是在摸索的过程中却经历了诸多艰辛，每个阶段所取得的成就都是伟大的，为新时代高校创新创业教育发展奠定了坚实的理论基础和实践基础。随着时间的推移，新时代我国高校创新创业教育发展已经积累了诸多成功经验，并且结合新时代中国特色社会主义现代化强国建设所提出的新要求，高校创新创业教育发展显然也有了明确的趋向，笔者在下节内容中就以发展趋向为立足点作出明确的说明。

第三节　新时代高校创新创业教育发展的趋势研判

在明确当前高校创新创业教育发展的现实情况，以及新时代对高等教育人才的迫切需求方向的基础上，随之而来的就是要针对高校创新创业教育发展的趋势进行客观研判（图1-2列出了研判未来发展方向的主要因素），由此方可确保高校创新创业教育发展始终与时代发展大背景相吻合，为高校创新创业型人才培养发挥出至关重要的推动作用，更重要的是能够为全面加快我国创新型国家和新时代中国特色社会主义现代化强国建设步伐提供强有力的推动。

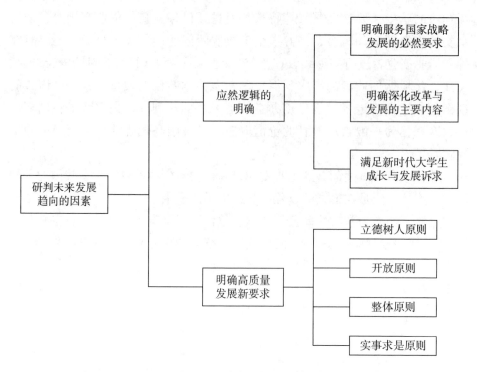

图 1-2　研判未来发展方向的主要因素

本节就立足这一视角进行深入的研究，所要阐述的具体观点如下。

一、新时代高校创新创业教育体系构建的应然逻辑

中国特色社会主义事业建设与发展已经步入新时代，在该时代背景下全面建设中国特色社会主义现代化强国是基本任务，将我国建设成为创新型国家则是新目标，所以全面培养符合新时代发展背景的高质量人才就成为高等教育的重要使命。就新时代发展所需要的人才来看，创新创业型人才显然是全面实现创新型国家建设目标的重要支撑条件，因此高校必须将创新创业型人才培养作为一项基本任务，创新创业教育作为高校全面培养该类型人才的重要平台，打造出符合当今时代人才需求的创新创业教育体系自然成为关键中的关键，同时更是满足大学生成长诉求的必然选择。在此期间，高校必须深度明确高校创新创业教育在时代发展中所必须达到的要求，以及必须发挥出的作用，由此方可确保新时代高校创新创业教育未来发展的方向得到准确研判。在此期间，笔者认为广大高校创新创业教育工作者必须在以下三个方面达成一致。

（一）构建高校创新创业教育体系是新时代高校创新创业教育服务国家发展战略的必然要求

就当前我国发展的现实情况而言，已经将创新创业的产业化发展提升至战略层面，不仅要做到以创新创业带动就业，同时还要助力行业始终保持可持续发展的态势，最终达到又好又快的发展目标。在此期间，人才无疑是全面确保战略实施的决定性条件之一，高校能否为之培养出高质量人才显然成为影响该产业发展进程的关键性因素，这也为高校创新创业教育体系的构建提出了更高的要求。高校既要深刻意识到国家发展战略的实现，需要大量具有创新创业意识、精神和能力的高素质人才，同时还要高度明确新时代高校创新创业教育不断完善自身育人体系的重要性，充分激发各主体要素内生动力的同时，更要不断优化协同机制、提升育人能力，由此方可培养出质优量多的创新创业型人才。其间，高校不仅要将"人本理念"视为新时代创新创业教育体系构建的根本理念，力求创新创业教育全过程既是服务高校大学生创新意识、创业精神、创新创业能力培养的过程，更是服务国家发展战略深化落实的过程，以此方可保证教育体系协同机制和育人能力的同步提升，助力不断加快新时代中国特色社会主义现代化强国的建设步伐。

（二）构建高校创新创业教育体系是新时代高校创新创业教育推进高等教育改革的重要内容

新时代中的"新"是指社会经济、文化、科技、教育、社会保障事业创新发展，而教育创新发展无疑是基础中的基础、关键中的关键，因为各项事业的创新发展都需要以高质量人才作为重要保证，所以全面推进高等教育改革成为新时代发展道路中的一项重要内容。高校创新创业教育作为全面培养新时代高质量人才的重要平台，构建符合时代发展新要求的创新创业教育体系自然成为加快新时代高等教育改革步伐的重要推手。面对新时代中国教育的发展趋势和高等教育改革的发展要求，作为高等教育的重要组成部分，创新创业教育必然要从自身的职能出发，顺应发展趋势、对标改革要求，从课程、实训、师资、保障等维度着眼，构建政府、高校、企业等多元主体协同育人的教育体系，不断提升创新创业教育质量。在此期间，课程建设的目标必须以高校大学生专业知识、技能、能力、素质向创新创业能力转化为根本，创新创业教育内容必须实现具有极强的理论支撑作用和实践价值，教师队伍建设必须强调面向"导师化"发展，保障体系的建设必须做到针对教育体系进行科学、客观、准确的质量评价。

（三）构建高校创新创业教育体系是新时代高校创新创业教育满足大学生成长诉求的必然选择

新时代大环境赋予人们更多可创造性的空间，创新发展的载体极为丰富，而这也正是时代发展速度不断加快的主要原因所在，将我国建设成为创新型国家这一目标也随之应运而生，中国特色社会主义现代化强国最终成为现实无疑也是必然。对此，在新时代大背景下，让高校大学生能够紧紧抓住创造性空间，推动各项事业的创新发展自然成为新时代高校大学生可持续发展的方向所在，创新创业型人才培养是高校人才培养的主要任务，创新创业教育的深化改革显然要与之相同步。新时代大学生面对国内外发展的机遇与挑战，需要成长为德、智、体、美、劳全面发展的社会主义建设者和接班人。大学生全面发展的成长诉求，必然需要全面发展的素质教育体系与之呼应。创新创业教育可以发挥育人优势、彰显素质教育，通过构建高校主导、政府支持、全社会共同参与的创新创业教育体系，培养大学生的创新思维、创新能力，激发大学生的创业意识、提升创业素养，并在此过程中，培养大学生形成良好的道德情操，提升大学生综合素质，引导其实现自我超越，成长为德、智、体、美、劳全面发展的社会主义建设者和接班人。在此期间，高校大学生创新思维能力的发展显然要立足学科专业知识、技能、能力与素养，找到创新创业的创新点，并且深入挖掘将其作为创新创业项目的可行性因素，从中准确判断可行性大小的同时，还要针对创新创业的基本方案、实施路径、实施策略作出系统性规划，由此确保高校大学生成长之路能够最终成就未来的可持续发展，并且能够为新时代中国特色社会主义现代化强国建设贡献出一份力量。

二、进一步加快高校创新创业教育高质量发展步伐

结合上文中针对新时代高校创新创业发展的基本要求，以及在加快新时时代发展进程中的作用的阐述，可以看出高校创新创业教育在新时代的发展必须呈现出高质量，并且在创新创业教育人才培养过程上要体现出高效率，由此方可确保高等教育人才能够满足时代发展和社会发展的切实需要，而这也正是新时代高校创新创业教育发展的主要趋势。推进新时代高校创新创业教育高质量发展必须遵循几个原则，由此方可保证高校创新创业教育发展始终保持品质化的提升。具体而言，在推进新时代高校创新创业教育体系构建

的进程中，高校要坚持立德树人，坚持开放原则，坚持整体原则，坚持实事求是，促进新时代高校创新创业教育高质量发展。

（一）坚持立德树人

党的十九届五中全会明确了"建设高质量教育体系"的政策导向，并确定到 2035 年建成教育强国的目标，为未来一个时期我国教育事业发展描绘了宏伟蓝图、明确了奋斗目标。要紧紧围绕这一战略目标，坚持立德树人根本任务，全面贯彻党的教育方针，为建设社会主义现代化强国、实现中华民族伟大复兴提供强大保障。"教育是民族振兴、社会进步的重要基石，是功在当代、利在千秋的德政工程，对提高人民综合素质、促进人的全面发展、增强中华民族创新创造活力、实现中华民族伟大复兴具有决定性意义。"教育具有不可替代的重要功能。

首先，坚定文化自信要靠教育。辉煌灿烂的中华文化、历久弥新的中华文明，是中华民族自立自强的精神力量，是中国人民奋发有为的精神家园。教育是推动中华优秀传统文化创造性转化、创新性发展的重要基础，是把我国由文化大国建设成为文化强国的必由之路。

其次，建设和谐社会要靠教育。培育自尊自信、理性平和、积极向上的良好社会心态，是打造共建共治共享社会治理格局的必然要求。人是社会的主体，培育遵纪守法、爱国敬业、诚信友善的社会公民，是践行社会主义核心价值观、建设社会主义和谐社会的应有之义，这有赖于教育的立德树人功能[1]。

最后，实现国家富强要靠教育。劳动者是最活跃的生产要素，科学技术是第一生产力，教育是发展生产力的基础，是推动党和国家各项事业发展的重要先手棋。科技自强、生产发展、经济繁荣、国力强盛，都需要人的综合素质的提高。人的创新能力培养、文化水平提高、综合素质提升，都需要通过发展教育事业来实现。

构建创新创业教育体系必须落实立德树人根本任务，引导大学生树立正确的世界观、人生观、价值观，将理想信念教育、社会主义核心价值观教育、中华优秀传统文化教育、劳动教育和实践教育有机融入创新创业教育体系，使创新创业教育在面对国际上复杂激烈的文化与价值观的交流交锋时，

---

[1]　万剑锋，彭东亚，黄黎明.高校创新创业教育促进立德树人新发展——以桂林电子科技大学北海校区电子信息学院教工党支部为例 [J]. 教育信息化论坛，2021，5（6）：3.

能够始终保持社会主义发展方向，彰显素质教育本质，培养担当民族复兴大任的时代新人。

（二）坚持开放原则

所谓的"开放原则"，是指具有开放性质的措施和形式。相对于封闭性来说的，我们称一种理论，一部作品具有开放性，意思是说，这种理论和作品在面对读者和研究者来说，是允许人们介入的，其留给人们相当多的空间，去思考，去拓展，以达到对理论和作品更深入的阐释和理解，并且在给定的条件下成为一种信息源，通过人们不断的介入，向外辐射出信息。教育的开放性也是如此，当教育活动呈现在学生面前，是允许学生进入的，有较大的空间供学生去思考和拓展，进而达到对教育理论和教育实践活动的理解和评价，同时还能在既定条件下通过学生的不断介入，有更多的信息向外辐射出来，最终让学生真正做到知识、技能、能力、素养内化于心和外化于行[①]。

新时代构建创新创业教育体系，既要有家国情怀也要放眼世界。不断加强与世界各国在文化、知识、技术、资金等领域的交流合作，积极吸纳世界各国在创新创业教育发展理念、理论研究、课程模式、师资培养、实践育人、科学管理等方面的有益成果，及时把握创新创业教育最新发展趋势，努力使我国的创新创业教育达到世界先进水平。同时，也为世界创新创业教育贡献中国智慧和中国方案，促进全球创新创业教育发展进步，推动构建创新创业教育共同体。

（三）坚持整体原则

坚持整体原则是把研究对象看作由各个构成要素形成的有机整体，从整体与部分相互依赖、相互制约的关系中揭示对象的特征和运动规律，研究对象整体性质。整体性质不等于形成它的各要素性质的机械之和，对象的整体性是由形成它的各要素（或子系统）的相互作用决定的。因此它不要求人们事先把对象分成许多简单部分，分别地进行考察，然后再把它们机械地叠加起来；而要求把对象作为整体来对待，从整体与要素的相互依赖、相互联系、相互制约的关系中揭示系统的整体性质。

针对教育教学活动而言，是指教育教学活动过程中所表现出来的教学任

---

① 卢淑静.创新创业教育嵌入专业教育的原则与机制[J].求索，2015（2）：4.

务与教学目标、教学内容与教学组织、课程实施与课程开发、教学方式与学习方式等方面和谐完整的形态[①]。

新时代高校创新创业教育体系构建是一个包含价值塑造、知识传授、实践养成、技术转化、信息咨询等诸多内容在内的复杂的育人体系，涉及政府、高校、企业、社区、家庭等众多主体要素。新时代高校创新创业教育体系的构建，需要各育人主体根据自身的育人功能和职责协同参与、有序发力；同时，通过高质量创新创业型人才的培养，不断满足各主体的人才需求，充分激发各主体支持并参与创新创业教育的内生动力，进而形成良性循环，促进新时代高校创新创业教育高质量发展。

（四）坚持实事求是

坚持实事求是是决策应遵循的最基本的原则。"实事"，就是客观存在着的一切事物；"是"，就是客观事物内在的必然的联系，即规律性；"求"，就是去研究和探讨。实事求是，是辩证唯物主义的思想路线和重要原则，也是中国共产党历来经验的科学总结，科学决策同样离不开这一基本原则。

实事求是作为马克思主义的精髓，我们过去取得的一切成就都离不开实事求是，今天要把新时代中国特色社会主义事业继续推向前进，仍然要坚持实事求是。做到实事求是，需要深入了解实际情况。只有深入实际、了解实际，才能不断增强实事求是的本领，把实事求是贯彻到工作全过程。增强实事求是的本领，一个重要方面在于熟练掌握调查研究这个基本功，经常、广泛、深入地开展调查研究，眼睛向下、脚步向下找出解决问题的新视角、新思路和新对策，真正把情况摸实摸透。没有调查就没有发言权，没有调查就没有决策权[②]。实践证明，只有不断增强实事求是的本领，努力把真实情况掌握得更多一些、把客观规律认识得更透一些，才能为做好各项工作、担当作为打下扎实基础。

在新时代构建创新创业教育体系要坚持实事求是的原则，做到一切从实际出发、理论联系实际，在实践中不断完善改进。一方面要扎根中国大地办教育。新时代高校创新创业教育体系的构建必须符合中国的国情和发展需求，将学校主体与多方协同，放眼世界与中国特色统一融合于创新创业教育

① 李亚员.大学生创新创业教育的目标、原则及路径优化[J].思想理论教育,2015(10):5.
② 李天辉,于海洋.创新创业教育与专业教育深度融合的研究——以网络工程课程为例[J].沈阳师范大学学报:自然科学版,2019,37(5):5.

之中，并在育人实践中不断检验和改进。另一方面要坚持以人民为中心的发展理念。通过创新创业教育体系的构建，促进教育资源的优化配置，促进教育公平，不断满足大学生对创新创业教育的需求。

综合本章各节所阐述的观点可以看出，在新时代背景下高校创新创业教育发展道路中，有效研判未来发展趋势必须做到先高度明确新时代所赋予的新要求，同时深入分析高校创新创业教育发展所必须涵盖的内容，确保高校创新创业教育发展不仅可以针对学生知识与技能、能力与素养方面进行全面培养，同时更能增强学生社会责任意识和家国情怀。最后，还要针对创新创业教育发展的可持续性作出深入剖析，以此确保"专创高度融合"的发展趋势能够真正进入到每一位高校创新创业教育工作者内心之中。

第二章 众创空间是高校开展创新创业教育的理想载体

高校创新创业教育面对新时代中国特色社会主义现代化强国建设所提出的新要求，显然要不断更新教育载体，确保新时代背景下的创新创业型人才培养始终以高质量为根本，以此为全面加快我国新时代中国特色社会主义事业的建设脚步提供强大的核心力量。在此期间，高校众创空间的全面建设与有效运用无疑是最为理想的选择。对此，在本章的内容中，以从宏观逐步向微观阐述的方式，将这一观点进行深入说明，希望能够为广大高校创新创业教育工作者和有关学者带来一定的帮助。

第一节 新时代对高校创新创业教育发展提出的新要求

新时代的开启意味着中国特色社会主义事业已经迎来前所未有的发展机遇，同时在发展道路中也要面对前所未有的挑战，高质量创新创业型人才的大量需求显然是最为严峻的挑战所在，高校创新创业教育作为培养创新创业型人才的基地所在，固然要承担起这一重任，同时更要肩负起这一项重要的历史使命。全程化、全员化、全方位进行高质量创新创业型人才培养是新时代对高校创新创业教育发展提出的新要求。本节内容立足两方面进行具体阐述，以此来明确其具体要求。

一、新时代之创新 2.0 时代

所谓的"新时代"，通常是指中国特色社会主义新时代，该时代无疑是社会经济、文化、教育、科技、医疗、社会保障等各项事业飞速发展的时代，更是中华儿女全面开拓进取、创造未来的崭新时代。特别是在党的十九大政府工作报告中，已经向全世界传递一个极为重要的信号，即中国已经进入到全面建设具有中国特色社会主义现代化强国的新时代，该时代比任何历史时期都要接近中华民族的伟大复兴，以人为本的典型创新模式显然已经到来，中国在各个领域的发展步伐将进一步加快，并最终实现又好又快发展目标。

（一）创新 2.0 时代的本质

创新 2.0 时代的本质是构建新型的用户创新使用知识的新局面。这种局面的特点如下。首先，以用户为中心。用户根据个人的实际需要，搜集与个人问题相关的知识，最终达到运用搜集知识解决问题的目的。其次，以社会实践为舞台。用户的问题已经从个人转向社会，即从解决社会问题的角度进行实践问题的创设，真正在解决社会问题的过程中，实现服务的社会性功能，即突出体现知识的应用性特征。最后，注重知识运用的集体性。因为问题由个人转向集体，所以解决问题的主体同样需要由个人转向集体，即在群策群力中，综合运用知识，促进社会化问题的解决，即注重从开放性以及共同性入手进行知识的创新性运用，最终达到实现大众创新、共同创新的目的。

（二）创新 2.0 的时代主题

在知识草根化、民主化的背景下，如何让知识成为解决社会性问题的助力是现阶段人们重点思考的问题。与此同时，在知识可得性增强的前提下，各种新型技术不断涌入人们的生活，这也给知识的广泛性运用、传播提供了可能。知识的可得性以及新技术不断的应用型成为创新 2.0 的时代主题。在本文的论述中，注重以众创空间为途径，分析在信息技术背景下高校学生如何更为立体地运用知识创新性解决各种社会问题的方式。

二、创新 2.0 时代对高校创新创业教育提出的新要求

在进行创新 2.0 时代背景下，开展对高校创新创业教育新要求的论述过程中，注重从高校与社会互动的角度进行论述，真正让高校把握社会发展的脉搏进行针对性的双创教学活动，让高校培养出既适应现阶段社会转型，又与未来社会发展趋势相同步的复合型高素质双创人才。在实际的论述过程中，着重从如图 2-1 所示内容中涉及的几点切入。

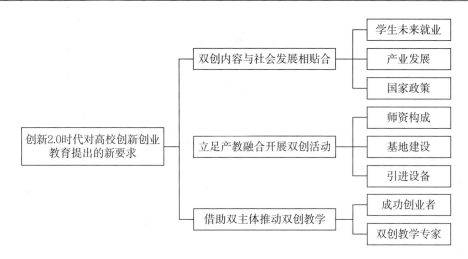

图 2-1　新时代背景下高校创新创业教育所面对的新要求

如图 2-1 所示，在新时代背景下高校创新创业教育关注的重点应落在创新产业发展层面，通过促进产业化发展的方式让更多地高校大学生拥有在本专业领域内的从业机会。其间，无论是在"硬件"条件方面，还是"软件"条件方面都需要不断加大投入力度，成为强有力的推手，为新时代中国特色社会主义现代化强国建设培养出更多高质量人才。

（一）双创内容与社会发展相贴合

在进行双创内容与社会发展相贴合的过程中，着重从学生未来就业、产业发展以及国家政策三个角度入手，将双创内容与社会发展进行紧密贴合。具体言之，在学生未来的就业方面，高校可以从学生未来的就业方向入手，即立足学生未来从事的岗位入手，融入相应的双创内容，让学生从企业发展的角度思考问题，可以在日常的工作中，在结合行业规律的前提下创造性地解决各种工作问题，提高学生在未来的岗位胜任能力。在产业发展方面，我国正处于社会转型期，对于人才的需求呈现多样性的特点。对此，高校在进行双创内容的构建过程中，需要结合各个产业转型期的特点，基于同一产业上下游之间的关系，适时地进行相应岗位的补充，即补充相应的产业双创教学内容。在国家政策方面，高校可以结合国家政策以及本校的专业优势，设定与未来发展相贴合的双创内容。以农学专业为例，高校为了培养振兴乡村人才，可以设置直播性的双创电商人才培养内容，在响应国家号召的同时，发挥本校的专业优势，针对性地设置相应的双创内容，最终达到满足社会发展需求的目的。

（二）立足产教融合开展双创活动

为了提升双创活动开展的实效性，高校需要将双创活动与企业生产进行有效融合，即从师资构成、基地建设、引进设备三方面入手。

在师资构成方面，为了促进双创活动的顺利开展，高校需要构建一支强有力的、具备双创能力的师资队伍。对此，高校在进行师资队伍的构建过程中可以遵循"互聘共培"的原则，一方面在企业中招聘具有较强管理经验以及技术经验的专业性人才，另一方面构建双创产教融合教研室，尤其是组建校内教师与校外教师相结合的教研室，让专职教师与兼职教师结合实际的双创教学问题以及未来相应产业的发展趋势，进行针对性的双创教学内容、方式以及理念探讨，构建兼具接地性、前瞻性的产教融合式的双创活动。

在实训基地建设上，高校可以与企业合作，搭建众创空间，充分借助此次的优势，解决现阶段企业存在的突出性问题，真正让高校以"企业外脑"的形式，加入企业生产过程中，在锻炼学生全局意识的同时，促进他们创新思维的形成。

在设备引进方面，为了推动双创活动的开展，高校需要构建相对完善的实训设备，让学生在实训的过程中了解各个产业的生产模式，并在此基础上，以创业者的视角进行相应生产方式，或是生产理念的革新，即在结合本专业知识的基础上，进行相应的内容创新。尤其值得注意的是，学生需要将个人的看法和观念真正落实在实践中，并通过实践不断优化原有的执行策略，最终达到创新性解决现阶段产业生产问题的目的。

（三）借助双主体推动双创教学

借助多样主体推动双创教学多主体分为两大类。第一类是成功创业者。第二类是双创教学专家。

在成功创业者方面，着重从在校学生、对口专业学生以及非专业人员三个角度介绍。从在校学生方面，高校可以邀请从本校毕业创业成功的学生指导本校的双创活动，充分运用该类学生理解本校状况，准确把握行业状况的优势，对本校的双创活动开展针对性指导，促进本校双创教学活动的有效、高效进行。在对口专业学生方面，高校可以让此部分学生介绍个人的创业历程，尤其是在创业决策以及心理上的变化，真正让学生在聆听故事的过程中，从创业者的角度思考问题，促进学生创业意识的初步形成。与此同时，高校可以让对口专业成功创业者介绍在进行本专业创业中的研究，比如从蓝海市场，或是蓝海市场切入口进行介绍，即让学生学到双创方面的"干货"。在非专业人员方面，高校可以让非专业创业者介绍整个创业历程，尤其是从该产业由无到有，由有到精的过程，让学生在和非专业创业者进行深入互动过程中，体会在创业过程中"战战兢兢、如履薄冰"的创业心态，为后续的创业活动打下坚实的心理基础。

除了进行成功创业者的分享外，高校可以邀请双创教育专家从现阶段双创教学活动的开展现状以及未来发展方向两个角度入手，开展针对性的双创讲座教学，在拓展学生双创学习眼界的同时，让他们学会使用"显微镜"，即立足现阶段双创状况，懂得巧用"望远镜"，树立长远眼光，看待双创问题，真正让学生对双创有一个全面性的认知，并在现状与未来的发展趋势中找准个人的位置，促进学生树立属于个人的双创目标，使他们真正树立科学的创新创业信念和理想，真正在未来的双创过程中贡献个人的力量。

通过本节中所阐述的观点不难发现，新时代的中国已经进入到全面建设创新型国家的历史新阶段，全面建设新时代中国特色社会主义现代化强国已经成为中华儿女的重要任务，也是全面实现中华民族伟大复兴的基础所在。在该时代背景下，高校创新创业教育显然要面对诸多新要求，在教育目标、内容、方法上更加贴合时代发展的需要显然是关键中的关键。对此，如何确保这一关键要素发挥出最大的作用，显然需要通过高校众创空间的全面建设与有效运用来实现。对此，在本章下节内容中，以此为立足点作出深入阐述。

第二节　众创空间的内涵

"众创空间"之所以是新时代创新创业领域飞速发展的必然产物，能够推进我国创新型国家建设与发展，最终将我国建设成为新时代中国特色社会主义现代化强国，原因就是该"空间"就是一种创新创业企业新型孵化器。在此期间，无论是在"硬件"条件和"软件"条件上，还是与国内和国际合作上，都能够实现信息与资源的高度共享，进而为孵化创新型企业营造极为理想的环境，高校创新创业教育改革与发展道路的不断深化显然也要将"众创空间"作为重要载体。为此，笔者在本节观点阐述过程中，就针对其内涵作出深入解读。

一、众创空间的定义

众创空间又被命名为创新型孵化器，具有较强的综合性，是一种具有综合性的新型创业公共服务平台。本文将从以下几点对众创空间进行介绍。

（一）文字式介绍

"众"是指参与的主体，即参与主体的多样性。"创"是具体的内容，包括各种创新性元素，比如创新人才、创新思维等。"空间"是载体，即为线上的空间，又是线下的平台。

（二）功能性介绍

以新型创业公共服务平台为辐射点，具有以下三方面特性。特性一，符合创新趋势，即与 2.0 时代的用户相贴合，与创新形式的多样性相协调（多样性创新包括群体性创新、协作性创新以及开放性创新）。特性二，符合当前实际。本书中的当前实际一方面是指创客浪潮在世界范围内开展，另一方面是指互联网技术的多维发展以及相应产品在各个领域的广泛运用，还指当前的大好环境，即知识社会创新 2.0 环境。特性三，兼顾当前有利条件以及符合未来发展方向。当前有利条件，其一是指资本化途径以及专业化服务的升级，尤其是互联网在上述两个领域的有效运用；其二是现阶段社会主义市场经济体制的完善。未来发展方向是新型创业公共平台的特点，即开放性、全要素、便捷性、成本低。

（三）实用性介绍

对众创空间的实用性介绍主要是基于以下三点。首先，社会化力量的综合性运用。其次，各种有利条件的运用，比如各种示范区，即科技企业孵化器、应用创新园区、国家高新区、国家自主示范创新区。在此部分区域中，值得一提的是高校和研究院。此两个区域是创新创业人才培养的最前端和最终端。最后，多种方式的有效运用。本书中多种形式的有效运用是指投资与孵化相结合、线下与线上相结合、创业与创新相结合、多种空间的有效运用。本书中的多种空间主要包括资源共享空间、社交共享空间、网络共享空间以及工作共享空间。

二、众创空间的类型

对于初级接触众创空间的人而言，在了解到此概念时，具有较强的陌生感。对此，注重分析现阶段较为常见的五种众创空间类型，并分别介绍五种众创空间的特点，希望可以为更为直观地阐释众创空间提供可借鉴性建议。在此，分别介绍如下五种较为常见的众创空间。

（一）创业社区

1. 定义

创业社区是一种集多种服务于一体的社区服务中心，此中心的核心作用是办公，兼具其他的功能，比如可以进行娱乐、居住、社交、工作等，为社区人员提供轻松愉悦的氛围，让他们在身心放松的情况下获得灵感，在相互交流的过程中引发头脑风暴，即主要是为创业者提供良好的社区环境。

2. 内容

创业社区的主要作用是为创业者提供立体性、生活化，利于创业的各种时空条件。这种空间一方面是满足各种需求，比如消费需求、社交需求、工作需求、创业需求以及学习需求，另一方面构建实实在在的需求性场所，比如创业公寓、创业餐厅等符合创业的办公区域。

3. 特点

创业社区具有如下特点，首先，创业资源的集约性，促进双重闭合性系统的形成。创业社区具有多种适宜创业元素，利于形成一个生活性的闭环控制，即其一方面可以为创业者提供各种服务，比如消费、生活、工作以及学习，形成具有闭环性的生活系统，另一方面可以形成营收性的系统，即形成集消费、生产、服务于一体的闭合性经营系统。其次，具有较强的吸引性，即可以吸引具有创业思维以及意识的各种人群，让这些人群在交流的过程中进行一次次的头脑风暴，迸发交流的灵感，促进新想法转化成现实，真正成为创新创业观念意识的孵化器。

（二）创业咖啡馆

1. 定义

创业咖啡馆，顾名思义，即以咖啡馆为众创空间的外化形式，以专业性的主体为讨论内容，并进行的一种综合性的分享活动，具体包括技术、人才、市场等各种创业要素的经验分享活动。值得注意的是，在进行这些活动的分享过程中，创业咖啡馆的负责人可以定期结合对应的主题，邀请与主题一致的投资人，让其参与到此次主题的讨论中，提升创业内容讨论的专业性和实用性。

2. 特点

创业咖啡馆的特点主要体现在如下两点。首先，咖啡馆自身的开放性。咖啡馆负责人可以通过构建某一行业，或是领域主题的方式，吸引同一行业不同职责的创业人员，比如对该行业具有兴趣的投资者、在该行业进行多年技术工作的大国工匠、想要在该行业进行创业的人员等。其次，创业咖啡馆的盈利形式。此种咖啡馆的盈利形式分为两种，分别是参与创业团队的股权投资，以及与运营成本持平的各种收入，此种收入包括活动租金、会员收入以及日常经营收入等。

（三）新型孵化器

1. 定义

新型孵化器的作用是为新型创业公司提供多种精准性服务，比如企业发展的战略目标、运用方式、产品内容等，一方面促进新型企业适应现阶段市场发展规律，另一方面为新型创业公司提供战略性规划，真正满足不同新型创业公司不同的发展需要。在具体的服务方面，以资源为提供服务的依据，划分成创客孵化型资源、专业服务型资源、媒体延伸型资源、培训辅导型资源、投资促进性资源。

2. 特点

新型孵化器的特点集中在如下两个方面。

一是，提高创业公司的成功概率。为了提高新型创业公司的成功概率，新型孵化器需要为新型创业公司"量身定做"各种服务，比如技术服务、资金服务、管理服务以及战略服务等，让新型创业公司可以更为健康的发展，在该行业市场上占有一席之地，尽快实现盈利，形成优良的生产循环、销售循环，最大限度地提高企业的成功率。

二是，以投资的资金为依据获取相应的收益。天使投资方是新型孵化器的资金构成要素之一，其负责对新型创业公司进行投资，通过对新型创业公司占股的方式获得相应的收益。就实际而言，天使投资方在新型创业公司所占的股份比在 3%～10%。

3. 类型

在进行新型孵化器的分类过程中，着重从孵化器的使用主体入手，划分成如下类型，以媒体服务为标准，现阶段的新型孵化器有氪空间；以大型科技企业为依据成立的新型孵化器有联想之星孵化器、微软创投加速器；以投资人资源为依据成立的新型孵化器有创新工厂；以服务于创业者服务为依据的孵化器为北大创业孵化训练营、清华经管创业者加速器以及清华 X-lab，以及浙江万里学院万里笃创。

（四）联合办公空间

1. 定义

联合办公空间最为显著的特点是基于共同的工作需要群体而设计，这些不同的群体可以是小型团队，也可以是旅行出差者，还可以是 SOHO 族。此外，在场所设计方面，场所设计具有较强的灵活性，即可以根据实际的团队需求进行针对性场所设计，并结合实际收取相应的场地费用。

2. 特点

联合办公空间的特点有如下两点。首先，工作资源的共享性。联合办公空间的人一方面可以摆脱隔断式办公工具运用的专属性，另一方面可以实现工作资源运用的共享化，即此部分人员可以共同运用工作资源，比如工作设备，即传真机、打印机，又如公共空间，比如茶水间、会议室等，最大限度地降低新型创新公司的运营成本。其次，最大限度地实现观念互动。联合办公间的人员可以通过彼此之间相互交流，即站在他人的角度思考问题，找到解决个人工作问题的新途径和新方式，促进个人工作灵感的激发，实现最大范围内容的观念互动，促进此部分人员工作观念以及思维的双重升级。

（五）创客空间

1.定义

创客空间是指人们基于共同的兴趣和爱好，集中在同一个区域，创造多种产品的空间。在此过程中，创客空间的人一方面可以运用各种现代化设备以及技术，比如电子技术、数字技术、计算机等，另一方面可以充分与此空间中的成员进行有效互动，完成最终的产品设计。创客空间的本质是让每一人到此地，创造属于个人的产品。

2.特点

创客空间主要是为具有共同爱好的电子产品设计者提供相应的空间，让他们在实际的产品设计中激发个人的潜能，从实际以及他人的建议中设计出最为具有吸引力、人性化的产品。此种产品大多为人工设计，其产品设计涉及的主体相对较多。

三、众创空间的特点

在此部分内容的论述中，首先通过如图 2-2 所示将众创空间的 4 个明显特点加以直观呈现，并在下文中还会结合每个特点加以充分说明，以此确保广大高校创新创业教育工作者与相关学者，能够深刻感知众创空间在创新创业教育活动中应用的优势所在。

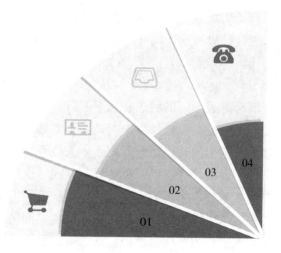

04 低成本与开放性成本
◎ 有效控制并兼具交互性能

03 多重结合性"软件"
◎ 与"硬件"资源相互结合

02 互助性与协同性各资源要素
◎ 之间具有极强的互补关系

01 全元素性资源整合
◎ 与开发的视角极为广泛

图 2-2　众创空间的特点分布

如图 2-2 所示，众创空间的构建与发展显然将资源的主体性作为重要基础，强调资源整合、开发、共享的同时，还要确保资源获取和使用的成本能够得到有效控制，最终确保创新型企业孵化成功率的同时，还要充分保证投入与产出的比值达到最大化。为此，就立足众创空间在图中所表现出的 4 个特点进行具体阐述。

（一）兼具低成本与开放性

低成本主要体现在大部分众创空间采用会员制度，只对此空间中的会员收取部分费用，有些众创空间对会员甚至是免费。开放性是指大部分众创空间面对全社会进行开放。

（二）互助性与协同性并存

互助性主要是指在众创空间中的人员可以针对相应的问题进行针对性的探讨，实现在思想上相互启发，在思维方式上相互拓展，最终达到解决问题的目的。协同性是指众创空间负责人为了提升其中成员的协同性，以组织多种活动为手段，比如组织大赛活动、培训活动、训练营活动、沙龙活动等，提升人们参与众创空间的积极性，使这些人员可以相互协作，共同处理同一个问题，促进他们在创新创业过程中的协同能力。

（三）多重结合性

本书中的多重结合性主要包含如下几方面的内容。首先，团队和人才的结合。"一滴水只有滴入大海中才不会干涸。"人才只有融入团队中才能发挥个人的力量，为团队做贡献，并在团队的影响下，激发个人的潜能，获得最大限度的成长。为此，在进行众创空间的过程中，众创空间负责人需要重视人与人之间的协作性，最大限度地发挥协作的作用。

其次，高效便捷性。本部分中的高效便捷性主要从如下两部分论述。第一部分，众创空间负责人可以向会员提供相应的场地、活动，为会员提供展示个人商品的平台，让他们分享产品的设计理念，即在新兴产业创新初期，通过多种平台，最大限度地打开销路，让企业存活下去。第二部分，提供多种企业成长策略，主要包括如下方面的内容，即补贴政策、法律法务、工商注册、金融服务等，为创新性小企业的发展提供具有实用性的成长策略，促进小型创新性企业健康成长。

（四）全元素性

本书中的全元素包括材料、设备和设施。在实际材料的准备过程中，众创空间负责人需要结合不同的众创主题设计相应的"硬件"条件和"软件"条件，为众创空间各项活动的有效开展提供必要的设备基础。

四、众创空间发展的必备要素

在上文中，已经针对什么是众创空间，并且在全面加快中国特色社会主义事业发展中的作用进行了具体阐述，但是在作用呈现的过程上，还需要加以更进一步的说明。其中，明确众创空间发展的必备要素自然是关键中的关键，具体要素主要由五个方面构成，同时也必须深刻意识到其在众创空间构建与运行中缺一不可。

（一）营造创新创业氛围的必要性

1.优质观念融入文化氛围

将多种优质观念融入企业内部文化中的"多种优质观念"包括如下三个方面。

（1）注重平等文化在众创空间中渗透

为了进一步激发众创空间人员的创意想法，众创空间负责人要鼓励成员从更为多元的角度思考问题，尤其是鼓励成员思考更多与传统思维方式以及观念相违背的理论，真正将创新逻辑融入众创空间的方方面面，促进其成员创新思维的进一步激发。

（2）将赏罚机制融入众创空间之中

"重赏之下必有勇夫"。为了调动众创空间人员的创新意识，负责人可以构建奖惩机制，一方面将此空间中的部分资金投入到众创空间中，另一方面允许多种创新组织形式的出现，比如个体性创新、集体性创新、跨行业创新等，真正运用奖励的力量，让更多的众创空间成员融入相应的创新创业中，促进整体创新氛围的营造。

在上述两方面内容的执行过程中，众创空间负责人可以尝试构建积分制银行，将众创空间人员的具体共享以分数的形式呈现，让众创成员真正感受到其中的乐趣，更为积极地投入到现阶段这个企业中，并真正做到创造性地解决各种问题，促进成员创造性思维的形成。

2. 优化人责权匹配机制

只有将合适的人才放到合适的位置才能最大限度地发挥人才的最大效用。在进行众创空间的营造过程中，众创空间负责人需要树立人责权匹配机制，将每一位众创空间成员安排到合适的位置上，最大限度地发挥每一位众创成员的创造性潜能。在实际的执行过程中，众创人员负责人可以从如下三方面入手。

（1）增强员工爱好与工作内容、现阶段与未来目标的一致性

在进行众创空间的任务安排过程中，众创空间负责人需要保证众创成员的工作内容与其爱好具有较强的一致性，使成员的创造力得到充分发挥，引起良好的创造性思维链式反应，让更多的人充分发挥个人头脑中的创造性，使更多的人在实事求是的前提下解放思想，构建具有创新性和人文性的众创空间产品或是思维。与此同时，众创空间负责人需要保证内部成员现阶段目标和未来目标的一致性。众创空间负责人需要让每一个人知道，个人在众创空间中的位置，以及在该位置发挥个人创造性的原因，使他们真正在全面认识自我的过程中积极地展现自我，并树立远大的创业目标，并将这些目标一步步落实到现阶段的众创空间的任务中，真正让创业者从中获得自信，并不断从创新的角度对原有的工作环节、目标进行优化，最终达到增强众创空间人员创造性思维的目的。

（2）实现每一位众创空间员工作用效益的最大化

在众创空间各项任务的安排过程中，负责人需要了解每一位成员的优势以及劣势，实现任务分配与成员优势的有效结合，真正让他们在实际的工作过程中将个人的工作优势发挥到极致，实现众创空间工作效益的最大化。

（3）实施员工岗位互选机制

在实际的众创空间建设过程中，该空间负责人可以构建岗位互选机制，即通过一段时间的工作后，鼓励一部分不适应工的作员工发言，并结合员工的发言内容进行针对性分析，一方面分析员工的心理，并进行针对性梳理，让员工真正理解众创空间各项政策制定的难处，另一方面鼓励员工结合个人的特长自主选择相应的岗位，使他们真正在个人所学岗位上发光发热。与此同时，众创空间负责人需要时时关注这部分内容的工作状况，并从众创空间成员的存在的问题以及优势两方面给予双向评价，让这部分员工更为全面地看待个人在实际双创空间中的问题，尤其是进行针对性弥补，让这部分员工更为积极地投入到相应的专业中，使他们真正在个人的岗位上发光发热。

3.构建双错型创新机制

"只有两种人不会犯错，一种是刚出生的婴儿，另一种是死去的人。"这句话充分说明在从事各种工作的人都可能有犯错的状况。对此，众创空间负责人需要构建双错型创新机制。在实际的执行过程中双错型创新机制包含如下两方面内容。

（1）容错机制

在实际众创活动开展过程中，众创空间负责人可以构建容错机制，即允许一部分人在实际的双创空间活动开展过程中出现不经意的错误，并搜集这些错误，尤其是需要统筹分析造成部分员工出现实质性错误的原因，提出针对性的建议，促进我国众创空间以及机制的不断完善。

（2）纠错机制

在纠错机制的构建过程中，众创空间负责人需要构建纠错机制，即纠正本空间成员的错误，并在改正错误的过程中寻找新的创新点，即不断在改正错误中进行深度化、高度化以及全面性前进，通过借助前进的力量寻找新的创新点，促进众创空间各项创新能力的全面发展。

（二）增强创新创业活动的丰富性

1.办好中国创新创业培训以及大赛

在此部分内容的论述中，主要从办好中国创新创业培训以及大赛两个角度入手。

（1）创新创业大赛注意事项

在进行创新创业大赛过程中，教师可以借鉴如下的方式。

①正确解读、落实党的相关政策和法规

在进行大赛的设定过程中，各大高校以及企业需要正确解读国家政策，比如"大众创新、万众创业"等政策。

②各项组织的支持

在进行大赛的设计中，大赛设计方要改变传统的比赛模式，并争取社会保障部、人力资源部的帮助，完成相应的大赛主旨，即实现"以赛促创""以赛促学"等目的。

③增强大赛设计科学性

增强大赛设计科学性主要是指如下几点。首先，确定大赛主题。在大赛主题的设定过程中，众创空间负责人一方面要结合时代发展趋势，另一方面需要结合本空间实际制定具有特色的大赛课程。其次，确定大赛的时间、内容、机构和对象。在进行大赛前，众创空间负责人可以合理设计大赛的时间、比赛的内容，让众创空间以及其他部门最大限度地接受与理解。最后，在进行科学性大赛布置中，教育者可以运用多元化的比赛形式，比如线上理论比赛、线下实践比赛，让学生结合个人优劣势进行针对性比赛，达到提升个人综合能力的目的。

（2）开展中国创新创业培训的注意事项

在进行中国创新创业培训过程中，众创空间的负责人需要注意如下几点。

①明确创新创业培训方向

创新创业培训不仅具有实用性，而且具有前瞻性，一方面要立足于现阶段人才转型的客观需要，另一方面需要着眼于未来的产业发展变化，着重培养兼具务实精神、开拓进取精神的专业性和复合型的优质人才。除了明确创新创业的培训方向外，众创空间负责人在实际的落实上需要秉承众创空间创设的初衷，即培养满足时代需求的人才，注重让双创人员真正在实际项目执行过程中学习专业知识、综合运用个人掌握的多项专业技能，创造性地解决各个领域存在的固化问题，即在众创空间各项项目的解决过程中实现产业与人才培养的双向有利结合，让众创空间成为新一代人才培养的孵化器，成为社会发展的催化器，最终达到促进社会平稳、高效转型，促进各个产业良性发展的目的。为此，在进行众创空间的培训过程中，众创空间负责人需要在明确方向的基础上，进行针对性的人才培养，为社会的良性、健康发展提供强有力的助力。

②引入信息化的众创空间人才培养模式

在进行信息化众创空间培养过程中，负责人可以引入先进的信息技术，比如运用流媒体、大数据、AI技术、虚拟现实技术、云计算等，开展精准化、实际性、层次性的人才培养模式。在具体实施上，为了提高众创空间中人才培养的精准性，众创空间负责人可以充分运用大数据对每一位众创成员的学习、实践状况进行追踪，并在了解学员实际的学习优势以及劣势的基础上，制定精准性的人才培养方案，让众创空间的学员最大限度地发挥个人的优势，发展个人的独有的专长，并消除个人的劣势，提高个人在众创空间实践中存在的短板，促进专业性、复合型人才的形成。为了增强众创空间人才培养与实际的贴合性，众创空间负责人在实际的人才培养过程中需要构建与现阶段相贴合的人才培养模式，积极引入具有时代特色的人才培养模式。比如进行直播培训，即快手培训、抖音培训等，让众创成员真正接受这种新型的信息传递方式，让成员将这种信息传递方式运用在未来的创业中，增强人才培养的实效性。为了提高人才培养的层次性，众创负责人可以结合众创空间中每一位成员的特点以及性格优势，制定以实际岗位为目标的人才培养模式，比如设置销售性质的人才培养模式、管理性质的人才培养模式等，以众创成员的特点为基点进行分类，构建具有层次性的人才培养模式，真正将信息化技术的效益发挥最大化，培养出具有较强信息素养的双创人才。

③推动培训方式的迭代

培训方式的迭代升级注重从科学的人才测评工具入手，即通过运用这种科学的测评工具，摆脱传统人才培养中的"唯感觉论"和"唯经验论"主观错误性看法，真正通过科学的工具对人才进行多方位的测试，在了解人才特质、特点的基础上进行针对性培训，为众创空间中的每一位成员提供针对性的岗位建议以及未来公司成长规划，让众创成员对个人的创业特质以及综合能力有更为全面的认知。具体言之，推荐两种现阶段最为常见的人才测评工具。

第一种，基于特质理论的人才测评工具。此种测评工具主要从如下方面测评，分别是态度动机、底层能力等，较为场景的特质理论人才培养工具为七大人格、大五人格、16PF 等。

第二种，基于类型理论的人才测评工具，此种工具注重对人贴上针对性的标签，实现人才能力分类的层次化。常见的此类人才测评工具包括性格色彩学、九型人格、DISC 测评等。在此，简要介绍 DISC 点评工具。此种工具可以提炼出测试者的想法，比如测试出部分员工具有老虎型的特点，即此种特点说明此类员工具有喜欢当领导的欲望，但是是否具备当领导的能力，并未说明。由此可见，此种人才测评工具多用于了解人才的未来岗位期许，并不能准确测试员工的综合能力。总而言之，在进行众创成员的人才培训过程中，该空间负责人需要对人才培训的方式进行迭代，从多方面入手，实现众创空间成员人才培养的专业性和复合型，让众创空间成为向社会提供高素质人才的"加工厂"。

2. 构建相对完善的创新创业辅导机制

在进行创新创业辅导机制的构建过程中，国家可以从门槛、资金、人才引流等多个角度入手，为创新创业的发展提供必要的支持，在营造良好双创氛围的同时，打造"创新化"经济发展新引擎，推动我国经济平稳、快速和创新发展。在实际的落实上，着重提出如下方式。

（1）加强资金引导

在加强资金引导方面，国家可以从财政和融资机制构建两个角度入手，为双创平台的构建提供强有力的资金支持。在实际财政政策设定上，提出如下建议。建议一，发挥财政的联动性作用。政府可以发挥财政对资本的导入作用，将资金运用在促进各方面资金的导入上，一方面，可以运用在创业投资、天使投资以及相应群体的发展上；另一方面，可以运用在对战略性新兴资产的合理支持上，尤其是在高新产业初期发展中，并将各种社会资金引入该新兴产业中，实现资金的合理导入。建议二，充分运用国家科技成果转化引导资金。政府可以合理利用此项资金，注重从多个角度切入，比如从贷款风险补偿、创业投资子基金、绩效奖励等入手，构建多种形式的科技成果转化引导基金运用机制，为参与双创活动的主体提供相应的资金支持。

在进行创新创业融资机制的构建上，政府一方面需要发挥市场的主体性调节作用，另一方面需要完善创新创业融资机制，尤其是需要重点关注如下几点。首先，建立以政府信用为保障的融资机制，即最大限度地吸收社会资金，为参与双创的主体提供必要的资金支持。其次，构建完善的资金市场管理机制。在实际的机制构建过程中，政府既要构建完善的资金引入机制，即从初创投资入手，完善现阶段的小微企业区域股权市场，又需构建相应资金流转以及退出机制，更好地规划资金在双创市场上的合理流动，保障投资方和资金运用双方的合法权益。最后，与金融机构协作，构建相应的资金支持金融服务。政府可以与金融机构服务，比如商业银行，开展多种形式的金融服务，比如股权质押、知识产权质押、科技融资担保等，真正维护双创机构的研究成果，促进更多主体投入到双创中，营造良好的资金制度保障基础。

（2）降低双创开展门槛

政府除了需要构建良好资金环境外，更需要注重构建优惠的政策环境，即降低双创开展门槛，让更多具有创业想法和创业能力的主体，比如企业、专业性人员以及高校学生积极投入到双创中，促进他们综合创新水平能力的提升。

在实际的落实上，各地政府可以借鉴如下的方式。方式一，缩减双创办理步骤。政府为了提供更为便捷的双创服务，可以从缩减双创办理步骤入手，既要结合实际，构建特定的双创办理窗口，又需简化相应的流程，比如落实多证联办机制、线上线下结合机制等，缩减相应的证件办理手续，为双创人员提供便捷。方式二，提供相应的硬软件支持。各地政府可以结合本地的实际状况，为双创主体提供必要的硬软件支持。在硬件支持方面，各地政府可以考虑自身的状况，为双创人员提供必要的场地、房租优惠等。在软件方面，各地政府可以为双创人员提供创业性质的互联网服务、创业服务型软件等。从双创的办理步骤以及提供支持两个角度入手，降低双创门槛方式。

（3）增强创新创业主体的多元性

本书中的增强创新创业主体的多元性主要是指让更多的大学生以及科技人员融入双创的浪潮中，为推进创新创业发展提供新鲜血液。在实际的落实上，政府以及相关部门可以从如下几点入手。

①构建专利奖励机制

为了鼓励更多的学生以及高校专业人才融入双创浪潮中，各地政府可以进行专利奖励机制建设，尤其是明确专利等级机制，设定对应的奖励项目，在激发高校师生专利研发积极性的同时，更好地进行师生专利的保护。

②加强双创教育课程开发

各级政府可以与各大高校协作，加强双创课程开发，即结合本校的强势专业设定相应的双创课程。与此同时，各大高校需积极响应号召，设立相应的大学生双创服务机构，提供必要的课程建设支持，比如师资力量支持、具体实践支持等，促进双创课程的完善。

③构建其他方面的支持

除了进行专利以及课程方面的支持外，各级政府以及高校可以从基金建设、双创公共场所构建、双创服务体系完善等多个角度入手，真正为高校双创事业的发展提供强有力的支持，促进高校双创活动的有效、高效发展。

3.大企业融入大众创业开放平台中

大企业通过融入，或是创建开放性创业平台，一方面可以满足自身持续性创新的需要，另一方面可以充分运用本企业中的资源优势，为中小企业的快速成长提供多种服务，比如资金、技术、管理等，促进大企业与中小企业在创新创业方面的完美融合，推动我国创新创业新格局的出现。

在实际的落实上，介绍常见的两种方式。

（1）促进产业链连接

在进行产业链连接过程中，主要从企业内部产业链连接和企业外部产业链连接两部分入手。在企业内部产业链连接方面，大企业可以在企业内部设立产业双创空间，即为内部员工构建相应的产业孵化园，让一些有想法、有经验、有干劲的内部员工参与到双创活动的开展过程中，并进行前瞻性项目的开发。以玻璃产业为例，此类产业可以构建具有智能性的双创项目，即智能玻璃的开发，比如可以设定结合光照调整玻璃透光度的项目，让综合素质高、有干劲的员工融入其中，在让这部分员工获得锻炼的同时，促进本企业内部的创新发展。在企业外部连接方面，大型企业可以构建公益性的产业孵化平台，即注重为一些有想法、有创意、有干劲儿的中小企业引入到产业孵化平台中，让他们将个人的想法真正通过此平台得到实现，实现双创空间的外延，促进大型企业资源的优化配置。

（2）构建以资金链为基地的多种方式连接

众所周知，中小企业在创业的初期，最需要解决的问题是资金问题。为此，大型企业可以通过构建资金链连接的方式对中小企业进行投资，并派遣专业的人才予以支持，在实现中小企业发展顺利过渡的同时，将前瞻性的技术、管理经验融入中小企业中，促进他们的创新性发展。

纵观本节所阐述的观点不难发现，众创空间作为全面加快我国创新型国家建设步伐，并且是全面建设新时代中国特色社会主义现代化强国的重要抓手所在，其类型与特点具有多样化特征的同时，在构建与运行过程中必须具备多个必然要素，方可确保众创空间的作用达到最大化。高校作为我国创新创业型人才培养的"主阵地"，如何发挥众创空间的优势成就创新创业教育高质量发展自然是当今时代每一位高校创新创业教育工作者所关注的焦点。

第三节　高校众创空间的发展概况

上文已经着重强调了高校是我国创新创业型人才培养的"主阵地"，所以在面对新时代中国特色社会主义事业建设与发展所提出的新要求，全面培养高质量创新创业型人才就必须牢牢把握住"众创空间"，发挥其独有的优势。我国众多高校在创新创业教育发展道路中，已经深深意识到"众创空间"建设与发展的重要意义，正在紧锣密鼓的加快建设步伐。为此，在本节内容中就立足当前高校众创空间的发展概况作出明确阐述。

一、高校众创空间的发展历程

古语有言，"以史为鉴，可以知兴替。"这句话的意思就是在未来发展的道路中，知其发展历程能够更好地判断未来的发展方向和发展空间。高校创新创业教育发展已历经 20 余年的艰辛，并且在"众创空间"的建设与发展中取得了一定的成就，未来发展之路谋求成就的最大化就必须纵观其发展历程，并且作出深入的解读与分析。图 2-3 针对高校众创空间发展的历程加以直观呈现，在下文的观点阐述中，针对其各个发展阶段进行具体说明。

基础框架的搭建阶段

拓展、优化众创空间要素的数量和规模
兼顾高校社会影响力和创新主体参与性
构建"双高型"创新创业资源共享平台

网络协同效应的激发阶段

激发网络协同效应的原理
激发网络协同效应的实施

平台生态系统的构建阶段

完成前两个阶段后可能存在的问题
构建平台生态系统的具体实施过程

图 2-3　高校众创空间建设的基本路径

如图 2-3 所示，高校众创空间的建设与发展是一项极为系统的工程，其间每个阶段都要有多个细节构成，每个细节之间要做到环环相扣，由此才能确保创新型企业孵化的成功率得到强有力的保证。针对我国高校"众创空间"建设与发展的切实经历加以深入解读，由此为高校创新创业教育进一步完善众创空间建设与发展路径奠定坚实基础。

（一）搭建平台基础架构阶段

1. 拓展、优化众创空间要素的数量和规模

为了拓展和优化众创空间要素的规模和数量，大部分高校通常从如下几步入手。步骤一，准确定位，各大高校需要结合本校的优势专业，构建与此专业相对应的双创平台，即把握好平台定位。步骤二，文化营造。高校注重双创文化氛围的营造，一方面需要构建满足创客需求的文化氛围，另一方面增强创客参与主体的身份异质。步骤三，获取数据。在找准平台构建定位以及营造平台文化后，高校可以吸引目标创客，比如让更多的创客用户参与到众创空间的建设中，并充分运用创客具备的多种资源。更为重要的是，高校可以运用大数据完成各种创客数据的积累，并源源不断地让更多的创客携带对应的创业元素，融入创客空间的构建中，实现拓展、优化众创空间要素的数量和规模的目的。

2. 兼顾高校社会影响力和创新主体参与性

在进行众创空间的建设过程中，高校一方面应该了解参与双创空间中创业主体的创业动机，另一方面需要了解本校专业优势，尤其是本校各个专业的资源优势以及专业特点，以此两方面为依据，进行合理科学的众创空间制度设计，旨在获得构建众创空间所必需的合法性资源、制度资源，促进对上述资源的差异化整理，满足不同创业者动机，真正将这些资源转化成相应的产品，增强创业主体的经济效益以及社会效益，拓展本校众创空间的社会影响力，并以本校为核心辐射点，让更多的创新主体融入本校众创空间中，即构建"滚雪球"式的众创空间发展模式。

3. 构建"双高型"创新创业资源共享平台

在完成基础性的双创元素的整合以及提升社会影响力和创新主体参与度后，高校在实际的双创平台构建过程中，需要打造"双高型"创新创业资源共享平台。值得注意的是，本书中的"双高"是指高信任度和高质量。为了打造此种平台，在实际的双创平台构建过程中，高校可以从如下三个角度入手。角度一，打造较强亲和力的运营团队。为此，高校可以从众创空间的文化氛围入手，优化现阶段众创空间的硬件、软件服务，旨在团队氛围的营造以及硬软件设施的建设等多方面促进较强亲和力运营团队的构建。角度

二，增强创业主体对众创空间的价值认同和情感认同。为了达到此种目的，高校既可以引入兄弟院校的创新创业案例，又能够邀请知名的创新创业导师加盟，让这些导师开展双创讲座，在与众创空间成员的互动中，加深对本众创空间的情感认知和价值认同。角度三，构建"双高型"资源共享平台。除了从团队的构建以及价值感认同入手外，高校还需要优化创业资源的各个过程，比如筛选、整合以及配置等，真正将高质量的双创资源融入共享平台中，促进高信任度、高质量创新创业资源共享平台的构建。

（二）激发网络协同效应阶段

1. 激发网络协同效应的原理

在众创空间平台的构建过程中，高校处于主导地位，为了真正将这种主导地位运用在双创空间构建上，需要对前期积累的众创空间要素进行不断的深化和外延，不断打破现有的众创空间边界，不断延展新型的众创空间，即构建网络化的众创空间新模式，激发众创空间的网络协同效应。对此，从实际的网络系统效应的发生原理进行简要介绍。

首先，为增强众创空间成员关系的连接性，高校需要对现有的、散落在不同领域内的双创资源进行重新整合，构建出满足不同用户需求的众创空间资源连接新形式，让众创空间成员更为立体地看待众创空间中的资源，将这些资源与个人的发展相连接。

其次，吸纳不同层次的第三方资源。在进行原有双创资源的整合后，高校需要不断吸纳新的双创资源，比如企业资源、中介机构资源、投资机构资源、科研所资源以及政府资源等，尤其是吸纳不同主体资源随身携带的优质双创资源，即技术资源、创新资源以及管理资源，真正在双创资源方面做到"融旧纳新"。

最后，构建多主体、多跨边的双创资源协同网络。在进行"融旧纳新"后，高校可以运用大数据、云计算，对将新旧双创资源进行进一步的整理和优化，构建更为复杂的多路径、多层次、多主体双创资源网络结构，更好地发挥网络资源在各个领域的协同效应。

2. 激发网络协同效应的实施

在激发网络协同效应的实施过程中，高校可以从"融旧"和"纳新"两个角度入手。在"融旧"方面，高校需要将本校众创空间中较为松散的内容进行有效融合，比如双创中的实践活动、双创科研内容等，将具体的实践活动与科学研究有效融合，满足不同众创空间成员的实际需求。在"纳新"方面，高校可以搭建与第三方资源相连接的资源和信息渠道，主要借助第三方的力量，比如社会组织、地方产业、企业、政府等，构建校内与校外相结合的双创资源链接，让校外双创资源成为校内双创资源的有效补充，构建校内外相融合的网络化资源协同效应双创生态圈，促进本校众创空间的良性发展。

（三）构建平台生态系统阶段

1. 完成前两个阶段后可能存在的问题

在经历了初期的搭建平台基础框架阶段、中期的激发网络协同效应阶段后，高校众创空间已经基本成型，但是并不稳定。造成不稳定的原因在于众创空间参与主体的多样化以及参与方式的多元化。这种不稳定造成的危害是极易造成创新创业元素的重构、变革，甚至颠覆，其中的创新创业元素是指社会网络结构、商业模式、组织形式等。为了更好地消除此阶段的不稳定因素，高校在进行众创空间的设置过程中需要从个体视角转向集体视角，从短期视角转向长远视角，既要加强对众创平台空间的控制力度，又要增强众创空间各个主体之间的互补程度和创新能力，让众创空间中的各个主体明确自身的位置和职责，更为积极地进行相互协同，促进众创空间各个主体协作效益的最大化，提高众创空间平台的稳定性。

2. 构建平台生态系统的具体实施过程

在具体的构建平台生态系统的实施过程中，高校需要认识到规则在众创空间构建中的重要性，并引入多种形式的规则，比如价值共创界面规则、网络嵌入界面规则以及协同创新界面规则等，协调好各个众创空间成员之间的关系，尤其是构建具有多层次的众创空间成员互补模式，实现众创空间关系网的延伸，促进生态型众创空间关系网的构建，即推动众创空间与企业、产业、金融机构之间的规则性、层次性融合，实现众创空间网络的进一步延展、众创生态系统的有效构建。

二、高校众创空间的发展要点

高校众创空间的建设与发展无疑是一项极为系统的工程，其作用与价值的体现固然要以可持续为基本目标，以又好又快的发展作为不懈的追求。在此期间，合作的全过程必须以多元化为主要视角，同时还要将教育的系统化作为重要补充，由此方可确保高校众创空间建设的系统性和全面性不断提升，真正为高校培养高质量创新创业型人才提供极为有利的教育载体。综合本节上述内容认为，高校众创空间的建设与发展应该紧紧抓住以下几个要点。

（一）持续化发展

"不谋全局者，不足某一域；不谋万世者，不足谋一时。"在进行高校众创空间的建设过程中，高校需要树立全局性眼光、可持续发展理念，既要立足现阶段高校创新创业的发展以及产业结构优化升级对人才的需求，又需着眼于未来社会对复合型、综合性人才的需求趋势，更好地将这两种需求融入现阶段众创空间中，促进高校双创事业的可持续性发展。在实际的落实上，着重从如下三方面进行简要论述。

1. 平台发展

众创空间平台的发展主要取决于其平台在发展过程中产生的经济效益以及社会效益。这也是高校构建众创空间的初衷。在进行该平台的构建过程中，高校需要从众创空间研发产品的目标群体、生产过程，以及产品在使用后产生的污染状况等多个角度入手，进行多维度的产品开发研究，用最为优质的产品打开市场，赢得消费者青睐，以及产品在使用后的最小污染为目标创造社会效益，即通过获得双重效益的基础上，更好地促进众创空间平台的优化，形成良性的平台发展循环。

2. 人的发展

首先，创业心理。学生在众创空间中需要真正从创业者的角度思考问题，真正接受市场，融入市场，获得市场的洗礼，并在不断接受市场捶打的过程中，获得顽强、乐观的内心。

其次，创业思维。学生通过借助众创空间，逐渐形成较为科学的创业思维。本书中的创业思维主要是指如下五方面。第一，整合性思维。学生在实际的双创过程中需要对现有资源进行整合，设定如下的思维体系："你有什么？""你想得到什么？""你如何得到？"在此思维体系的引导下，对现有资源进行整理。第二，逆向思维。在进行双创过程中，学生需要转变原有的以自我为中心的思维方式，从逆向思维入手，即以结果为导向，一步步分析成功可能需要的元素，并将一个个大的目标划分成无数个小目标，即在实现这些小目标的过程中逐渐向大目标迈进，最终达到成功创业的目的。第三，创新思维。本书中的创新思维是指，学生在借助众创空间进行双创的过程中可以借鉴如下的创新思维观念，即"人无我有，人有我精，人精我转"，时刻关注生产产品市场端的变化，创造性的进行相应产品的制作。第四，团队思维。在进行创新创业的过程中，学生个人单打独斗是远远不够的，加之个人的思维存在局限，即需要一个创业团队，完成市场、生产、售后等阶段的工作，真正享受群策群力的快乐。第五，客户思维。在进行双创过程中，学生一方面需要设计客户需要的产品，另一方面应该设计出超乎客户意料之外的产品，最大限度地让客户在产品使用过程中获得意外之喜，提高他们的客户满意度。为此，学生需要深入研究产品目标群体，在进行反复创业的过程中提高对客户需求的敏感度。

最后，创业品质。本书中的创业品质主要包括三个方面。一是，把握商机。学生需要具备敏锐的市场动态把握能力，即可以通过搜集、整合、加工各种市场讯息，敏锐察觉市场中的商机，并做出相应的行动。二是，执行能力。"没有实践，一切为零。"在把握市场商机后，学生需要具有较强的执行力，即将个人的想法转化成现实，通过将目标转化成一个个切实可行的事件，并通过完成这些事件的方式，最终达到获利的目的。三是，冒险精神。"勇敢是获得更多机会的唯一砝码。"在实际的双创过程中，学生只有拥有足够的勇气，才会具备成功的可能，即学生需要最为基本的尝试勇气，才会具备创业成功的可能。

（二）多元化合作

合作是实现可持续发展的基本条件，其原因在于合作过程中能够实现资源高度共享，最终确保发展的道路始终保持"双赢"或"共赢"的状态。为此，高校众创空间建设与发展的过程中，必须将多元化的合作视为基本理念，该理念在实践中的全面体现则需要注重三方面。图2-4中明确了所要注意的细节。

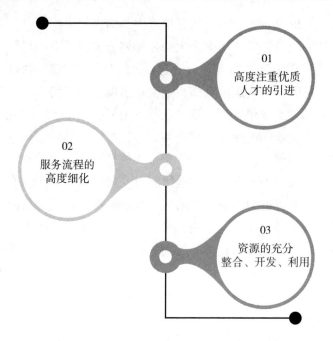

图 2-4　高校众创空间建设中多元化合作的侧重点

如图 2-4 所示，高校众创空间的成功构建并非一蹴而就，需要经历一个完整的过程方可确保其理想化程度。其间，人才的引进与作用价值的充分挖掘显然是基础中的基础，为创新型企业孵化提供极为人性化的服务显然是关键中的关键，资源整合、开发、利用效率的最大化无疑不可忽略。为此，在下文中就立足人尽其才、服务细化以及资源整合三个角度进行介绍，并在此过程中立足众创空间的发展，为高校进行符合本校实情的众创空间构建提供具有可操作性的建议。

1. 人尽其才

在进行高校众创空间的人才培养过程中，众创负责人一方面可以根据实际的团队需要，另一方面结合成员的优势，进行针对性人才岗位的设置，让本校人才可以找准个人的位置，充分发挥个人的光热。与此同时，在众创空间岗位的划分过程中，高校众创空间负责人可以实际需要，设计不同的岗位类型，比如团队建设与品牌营销类型、投资融资与商业模式类型、管理与技术类型等，最大限度地满足不同人才需要，并设定相应的众创空间岗位，真正做到人尽其才，最大限度地发挥众创空间成员的优势，培养专项性创新创业人才。

2. 服务细化

本书中的服务细化主要是指细化众创空间中服务内容。实际的服务依据服务对象不同划分为校内循环和校外循环两部分。校内循环是指服务于学校之内的主体，包括本校的师生、高校自身、职能处室等。校外循环包括校友、企业、地方政府等。因为校内循环与校外循环中的服务对象不同，所以具体众创空间针对不同对象提供的服务也千差万别。以校内循环为例，在具体的服务过程中，众创空间可以为高校提供多种服务。例如：实践项目，众创空间可以吸纳高校学生成为众创空间成员，让本校学生参与到实际的创新创业实践中；支持项目，众创空间可以为大学生提供相应的支持项目，即在多个方面提供支持，比如科技研究成果转化、资金、管理、技术等，推动大学生各项创新创业工作的顺利开展。

3. 资源整合

在多元合作的过程中，众创空间负责人可以以校内外为依据进行多元整合，一方面以校内为依据进行针对性整合，既可以实现高校与地方政府在某些方面的资源整合，又能够实现教师与学生教学资源主体的整合，还可以进行高校校内学工、科研、教务之间的有效整合；另一方面，众创空间负责人可以进行校外整合，比如与专利知识产权局、工商税务局、行业企业、风险投资、社会孵化等主体进行协作，实现资源方面的优势互补，即实现有效的资源整合，促进众创空间综合生产效率的提升。

（三）系统化教育

1. 顶层设计

在顶层设计方面，着重从人才培养方案的修订、专业教育与双创教育的融合以及人才培养转向多学科融合三方面进行论述，旨在真正发挥众创空间在推动地方经济方面的纽带作用，促进众创空间优势的最大限度发挥，获得良好的众创教学效果。

（1）修订双创人才的培养方案

在进行双创人才培养方案的修订过程中，高校可以结合本校的实情，进行针对性人才方案的制定。在实际的双创人才培养方案的制定过程中，着重从如下三方面进行简要论述。

第一，开展创业经验分享会。通过进行创业分享会，众创空间负责人可以让成员听取本校校友的创业过程，尤其是分享心路历程，让众创空间成员真正在聆听创业故事以及与本校校友进行面对面沟通的过程中，加深对双创意识的认知，让他们真正在心中萌发出奋进的种子，激发众创空间成员的奋斗热情。

第二，案例分析会。通过进行案例分析会，众创空间负责人可以让本空间中的成员通过案例的形式，更为生动形象地了解案例展现的创业意识、思维以及思想，并将这些创业元素深深印在个人的头脑中，为个人后续的创新创业提供精神食粮。与此同时，众创空间负责人为了让本空间成员更为深刻地解读相应的案例，组织案例讲解员与本空间成员进行充分互动，真正在对本空间成员进行解惑的过程中获得综合创新意识的增强。

第三，在众创空间的建设过程中，高校可以与企业对接，即通过多种形式的企业对接，为国家提供社会所需的应用型人才，增强大学就业与企业之间的联系，让众创空间的成员通过与企业构建连接的方式，深入企业内部开展针对性实践，促进他们综合实践能力的提升。在实际的企业对接过程中，高校众创空间负责人可以从如下三个方面实现对接。首先，浅层次对接。在浅层次对接过程中，高校众创企业可以派遣众创空间成员到对应企业进行参观实习，浅层次地了解企业的文化以及相应的管理经验。其次，深层次连接。为了加深对企业的了解，高校众创空间负责人可以与相应企业达成实习协议，即让众创空间成员真正融入企业的生产过程中，在锻炼大学生综合动手能力的同时，使他们真正在实践中获得锻炼，尤其是心智的锻炼，促进学生综合创业素质的形成。最后，高层次连接。本书中的高层次连接是指，邀请企业中管理层与众创空间成员进行面对面的交流，促进众创空间成员对对应企业文化的理解，尤其是加强对企业人才素养的认知，促进本校实用性、综合性以及复合型人才的形成。

（2）融合专业教育与双创教育

本书中的专业教育与双创教育之间的有效融合点是从特色课程体系的构建入手。在实际的课程体系构建过程中，着重从如下几点切入。

第一，挖掘专业课程中的双创元素

在进行专业课程创新创业元素的挖掘过程中，高校众创空间负责人可以从如下几方面切入。首先，从个性化教育切入。高校众创空间负责人需要在了解相应专业课的基础上，深入研究各个众创空间成员的优势，并结合他们的优势设置相应的课程，在最大限度发挥众创空间成员优势的同时，促进他们对于创新创业课程的热爱，促进这些成员专项双创能力的提升。其次，适当增加贴合实际的双创内容。为了增强双创内容的标准性，高校众创空间负责人可以与对应专业的企业联合，在结合专业企业生产需要的同时，实现双创内容的接地性，促进双创活动的顺利开展。

第二，构建创新创业教育线上课程

除了开展传统化的线下双创授课模式外，高校众创空间负责人可以构建线上双创授课模式，即充分运用数字技术构建双创学习平台，向全体学生开放双创课程，使学生可以结合个人的实际学习需要，灵活学习相应的双创课程，扩大双创课程学习的受众群体。与此同时，高校众创空间负责人可以在线上构建多种沟通形式，比如直播式沟通、文字式沟通、语音式沟通等，让学生结合个人的学习情况，灵活选择相应的沟通形式，进行多种双创知识的沟通，比如在众创空间中开展双创实践活动的疑问沟通、创新创业能力的探讨等。通过构建创新创业教育线上沟通课程，高校众创空间负责人可以创设出具有自主性、互动性的数字化双创教育线上课程，在满足学生个性化双创学习需求的同时，提升他们双创课程学习的自主性，提升整体的双创教学质量。

（3）构建多学科融合人才方案

本书中的跨学科教学融合主要包括学生融合和教师融合两个方面。

第一，学生融合

在学生融合方面，高校众创空间负责人可以搭建综合性的众创平台，开展多学科融合性的竞赛活动，让不同专业学生之间相互合作，更为综合地运用个人掌握的专业知识，创造性地解决竞赛活动中的综合性问题，即以跨学科、跨学院、跨年级等多种形式进行学生方面的融合，最终达到培养学生创造性思维的目的。

第二，教师融合

在教师融合方面，高校为了提供良好的众创空间师资队伍需要为多学科专业融合人才的培养提供专业性的教学队伍。高校可以从两个角度切入。角度一，构建融合性的科技创新团队和平台。为了促进骨干教师的交流，尤其是专业知识方面的探讨，高校可以构建融合性的科技创新团队和平台，为骨干教师在专业知识方面的交流提供相应的组织基础，使他们能够借鉴更多专业的教学视角、专业发展视角，有效促进本专业朝着多元化的角度发展。角度二，构建多种形式的融合性交流活动。除了进行组织性团建外，高校还可以构建业余性交流平台，组织多种形式的科研交流，比如青年学者论坛、青年学者话成长、青年学术沙龙等，组织不同专业的教师针对某一问题，从个人专业的角度进行探讨，并综合运用各个专业知识解决此问题，让教师在针对某一问题的探讨过程中逐渐形成跨学科思维，并将这种思维传递给学生，促进学生跨学科思维的增强，促进学生创造性思维的形成。

2. 理实教学

（1）理论：开发创新创业特色性的教材

在进行众创空间的建设过程中，高校众创空间负责人需要构建与众创空间内容相适应的特色教学，让众创空间成员以教材为依据掌握基本的双创理论知识，为后续的双创实践活动奠定良好认知基础。在进行双创特色教材的构建过程中，高校众创空间负责人需要注意如下几点。

第一，注重结合本校实际，让学生形成基础性的创业思维。为了达到此种目的，在特色双创教材的布置过程中，教师需要结合本校学生的特点以及本校的客观状况引入具有校本特色的课程，比如引入创业基础、创业历程、体会与建议等，让学生在掌握基础性创业知识的前提下，更为积极地分析整个创业历程，获得具有个人独有认知体验的创业体会和感悟，尤其是让学生养成良好的创业情感，促进后续众创空间中双创实践活动的顺利开展。

第二，双创教材突出前瞻性。高校众创空间负责人在进行双创教材的构建过程中，一方面需要关注国家关于双创的政策设置，另一方面应该深入解读各个产业现阶段的发展状况以及未来的发展趋势，并以上述两方面作为教材内容选取的重要着力点，让众创空间成员不仅学习专业性的双创知识，而且培养前瞻意识、长远眼光，发挥双创教材内容的积极作用。

第三，增强特色教材编写的科学性。双创特色教材编写的科学性主要体现在如下几点。首先，容纳多主体建议。在进行特色教材的编写过程中，高校双创空间负责人需要积极听取各方面意见，比如新型企业创业者的建议、双创教学专家的看法、学生对双创知识学习的动机等，形成兼具实效性、前瞻性、生本性的特色化双创教学教材。其次，在内容体系的编排上，高校众创空间负责人一方面保证双创案例基本要素的正确性，比如论证的严密性、论据的充分性、论点的正确性，另一方面应保证不同内容之间的比例详略得当，即理论知识与实践知识、理论知识与材料知识等，构建科学比例内容的双创教材。

（2）实践：保障客观条件与落实众创实践活动

①保障众创空间开展的客观条件

保障条件的深入挖掘是各项活动顺利开展的重要支撑条件，对于高校众创空间建设并在实践中呈现出理想的效果更是如此，需要有全方位的保障条件作为支撑。为此，将高校众创空间实践活动的必要保障条件加以直观体现，随之在下文中进行详细的说明。

如图 2-5 所示，高校众创空间的构建与运行过程无疑需要一个极为系统的流程作为支撑，但流程中每个环节的有效运行都必须有强大的保障条件作为重要保证。通过上图可以看出所包括的条件集中体现在人力、物力、财力三方面，接下来就针对图中所呈现出的四个保障条件作出明确的解读。

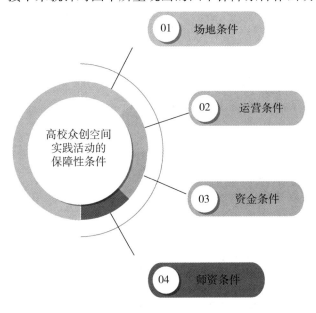

图 2-5　高校众创空间实践活动的保障条件明细

首先，场地条件。为了进一步推动众创空间功能的积极发挥，高校在具体众创空间的打造过程中需要提供相应的场地条件。具体言之，高校可以借鉴如下方式，建设众创空间场地。方式一，结合众创空间条件要求，对现有场地进行优化、转型和升级。高校可以对本校的学生活动中心、实训基地、实验室、孵化基地、文化服务中心、应用技术推广中心、科技成果转化中心、硕博研究生创业园、大学生创业基地、工程技术研究中心等，进行相应的改造、升级。方式二，盘活废弃场地，将其打造成为专门的众创空间场地。高校可以对本校一些限制性的房屋，比如老旧楼房进行改造，将这些地方打造成为众创空间场所，并完成相应的设施建设，比如网络设施、硬件设施等，打造具有专门性质的众创空间场所。

其次，运营条件。众创空间不仅具有育人性质，而且具有经济效益。为了让众创空间制造的各种产品经得起市场的检验，高校众创空间负责人需要探索满足运营的条件。在具体的条件探索过程中，高校众创空间负责人可以从如下角度入手。在进行构建开放共享的运用新形态过程中，高校众创空间负责人需要充分运用现代信息技术，即搭建具有兼顾线上与线下相结合的众创空间教育、创业新模式。在众创空间的教育教学方面，高校众创空间负责人可以构建互联网＋众创空间教育新形态，一方面让学生在互联网上学习实践知识，加深对实践知识注意点方面的认知，另一方面让学生在线下真正走进众创空间中，通过对应的实践活动，加深对实践知识的认知，促进他们综合实践能力的增强。在众创空间创新创业方面，该空间负责人需要坚持公益为先的原则，在实际的双创过程中，既要考虑本校的教学定位，又需引入市场化机制，即按照市场化原则，探索新的管理运用方式，实现学校资源、企业资源以及市场信息的有效运用，真正在接受市场检验的过程中，增强众创空间的生命力，提高众创空间成员的综合双创能力。

再次，资金条件。资金是进行众创空间建设的重要物质条件。为了推动众创空间的合理建设，高校需要构建多元化的资金筹措机制。在实际的落实上，高校众创空间负责人可以从如下几点进行多元众创机制的构建。第一，立足本校。高校众创空间负责人可以向学校负责资金管理的部门申请众创空间资金，用于日常众创空间各项活动的开展。第二，依托学校。众创空间负责人可以依托学校的影响力，主动联系各种组织，比如各种行业协会、企业、天使基金组织等，向外募集相应的资金，为众创空间的构建和发展提供强有力的资金支持。第三点，利用市场。在利用市场方面，高校众创空间负责人一方面可以引入民间资本，即发挥多层次资本市场的作用，合理引入民间资本，另一方面获得收益，比如以高附加值专业服务以及项目投资的方式，实现投资与项目孵化的双并进，获得更多的收益，满足众创空间运营和发展的资金需求。

最后，师资条件。在师资条件方面，高校众创空间负责人可以借鉴如下三个方面的措施。在师资队伍建设方面，高校众创空间负责人可以构建多元主体性的师资队伍，比如构建包含专业学者、天使投资人、职业经理人、具备丰富创业资源和经验的企业家等为主体的师资队伍，针对性地解决双创过程中的各项问题。在完成师资队伍的建设后，高校需要加强对师资队伍的运营，比如明确入住机制和退出机制。以入驻机制为例，高校众创空间负责人在进行师资队伍的引入过程中，需要保证引入的师资队伍中，有两个及以上的创业成果。

②列举落实众创空间的实践活动

其一，营造众创空间创新创业氛围

在众创空间氛围营造过程中，高校众创空间负责人以及其他领导可以从如下角度入手。

首先，加强对双创校园氛围的营造。高校可以从线上和线下两个角度入手。在线上，高校众创负责人可以加强对众创空间网站的建设，让学生通过浏览此网站对众创空间有一个正确性的认知。在线下，高校众创负责人可以组织众创空间成员加强对众创空间文化的宣传，比如通过设置板报、定期进行双创活动宣传等方式，构建激发双创、推崇双创、支持双创以及投身双创的良好校园文化氛围。

其次，积极宣传优秀创业精神。精神是行动的种子。在进行双创氛围的营造过程中，高校众创空间负责人需要重视双创精神的宣传，尤其是体现创业精神案例的宣传，让学生真正通过分析案例的方式，认识到创业精神的可贵，比如奋发有为的自强精神、不懈进取的拼搏精神。

最后，构建包容性的创业文化。我国自古有"崇尚成功"的思想，这也是激励无数人不断实现人生价值的重要动力源泉之一。与此同时，在进行创新创业的氛围营造过程中，尤其需要加入容错思维，即改变传统的"胜者为王，败者为寇"的非黑即白式固化思维，真正从意识上允许众创空间中各种错误的发生，各种失败的存在，并注重对这些失败的案例进行深入分析，为后续众创空间后续双创活动的开展提供"标本性"案例。

其二，落实多种众创空间实践活动

首先，高校众创空间实训基地。以东南大学与创课街联合打造的高校众创空间实训基地建设为例，东南大学与创客街代表联合开展"孵鹰计划"，旨在构建纯大学生与实战创业者之间的连接，秉持双方自愿的原则，即学生自愿以及创客街自愿，让学生参与到实际的众创空间的创业过程中，使他们投入到市场的"拼杀"中，促进学生创新性思维、创业意识的形成。与此同时，通过进行实训基地的建设，学生可以将个人的想法及作品，通过借助创业街平台，推向市场。另一方面，创业街中的人员可以将人们的新需求反映给高校学生，让这些学生结合市场需求，设计出相应的产品，并再一次推向市场。更为重要的是，学生参与到产品的研发、产品市场调研等多个活动中，真正获得综合能力的全方位锤炼。除此之外，创客街中的创新创业是指基于创新基础上的创业，注重强调"新"，并巧妙借助互联网，打破传统创业中的"循规蹈矩"。为了实现这种效果，在实际的执行过程中，东南大学与创客街需要构建多种制度，比如资金支持制度、管理制度以及政策制度等，为大学生更为高效地进行实训提供多元化制度保障。

其次，中国高校众创空间联盟。高校通过构建众创空间联盟的方式，一方面可以营造兄弟院校之间双创氛围，另一方面应实现更为广泛的资源共享，比如充分借助各个院校的双创资源，有效地实现科技成果的转化，在提升经济效益与社会效益的同时，促进双创人才的培养。

在实际的高校众创空间联盟的构建过程中，高校可以借鉴如下方式。第一，组织众创空间联盟活动。红色筑梦，让不同领域专家走进高校，分享创新创业故事；投融潮，远程项目路演，进行多种形式的投融资对接，比如异地同步投融资对接、线上线下投融资对接；大咖课堂，高校实战创新创业课堂，构建与学分挂钩的"双创必修课"；专家分享，专家以互联网＋的形式进行创业赛事分享，直击各种赛事的核心点。第二，搭建众创空间联盟平台。平台一，智慧双创管理系统。众创空间联盟通过构建智慧双创管理系统的方式，构建立体化的管理模式，管理的内容包括双创经费管理、专利管理、导师管理、学分管理、学生管理、空间管理、项目管理以及双创赛事管理。平台二，双创智能 TV 平台。高校联盟构建双创智能 TV 平台，可以实现兄弟院校之间的在线化互动，即与众创空间中各项机构（比如服务机构、投资机构）进行远程互动，实现高校获取双创社会资源的目的。第三，智慧双创移动客户端平台。此平台的使用者是众创空间中的学生。学生可以运用此平台一方面可以观看活动直播，学习在线课程，另一方面实现政策申请，向众创空间导师咨询专业问题，促进个人双创思维和意识的形成。

最后，高校众创空间实训项目。通过进行高校众创空间实训项目构建，高校可以将双创教育融入人才培养的全过程中，让学生在不同场景的学习中逐渐形成科学的创业理念、创新精神，使他们具备最为基本的创业意识。在实际高校众创空间项目执行中，众创空间负责人需要着重注意如下三点。

第一，重视提升大学生的创新意识和创业能力。高校在进行众创项目实训过程中需要以创业为总方向，一方面可以通过跨平台合作、团队培养的方式，促进学生双创意识的形成，另一方面可以重视培养学生的设计思维、机会识别能力、团队执行能力，培养他们的双创能力。第二，构建"六位一体"的双创实训项目体系。在实际的双创项目实训过程中，高校众创空间负责人可以构建"六位一体"化的实训项目体系，分别从"课堂讲解""实践落实""实训巩固""创业实践""指导帮扶""认识引领"六个角度入手，开展项目化体系的构建。第三，推进学生从意识到实践的落实。为了推动学生从意识到实践的落实，高校众创空间负责人既要以课程为指引，让学生通过学习创高创业理论具备基本的双创思维及意识，又需以竞赛和项目为重要推手，培养学生的双创思维，尤其是提高设计性实验、综合性实验在众创空间活动中的比例，让学生真正将个人创意落地。

3. 教学评价

（1）众创空间教学评价原则
①目标性原则

在目标性原则的评价过程中，高校双创空间负责人需要坚持"三个是否"目标原则：本校众创空间是否对现有的双创服务功能和水平进行了完善？本校的众创空间是否落实了以培养创新创业人才的目标？本校众创空间是否以激发创新创业活力以及优化双创环境为导向？通过进行三个是否的对照，高校众创空间负责人可以对实际众创空间实践结果进行评价。

②科学性原则

本书中的科学性评价主要分为两个方面。第一方面，以功能为依据进行分类评价。高校将众创空间的评价功能划分为专业化众创空间和一般化众创空间，并结合两个众创空间体现的功能进行不同指标的评价。第二方面，以综合性为依据进行分类评价。本部分中的综合性是指综合两种不同的评价方式，其分别为总量与比值、定量与定性，从多个角度对众创空间进行评价，比如众创空间的可持续发展状况、孵化绩效、综合服务能力等。

③公正性原则

本书中的公正性原则主要体现在以客观的数据为依据，对本校众创空间的贡献进行评价，在此过程中以科技部火炬统计调查信息系统中的年度工作报告以及报送的年度统计数据为依据，并参考本校所提供的填报数据进行客观性评价，真正了解本校在本省、中国的具体排位。

④动态性原则

本书中的动态性原则是指在进行高校众创空间实践结果评价的过程中，参与评价的主体需要以本校所在省的双创以及众创空间未来发展为依据，进行动态化的双创调整，让众创空间负责人真正以社会发展为导向进行相应双创人才的培养，满足社会化创业发展的新需求。

（2）众创空间教学评价内容

①服务能力

服务能力主要包括如下三方面的内容。内容一，高校省级众创空间平台的建设以及具体实施情况。内容二，高校众创空间在市场生产中实际的赢利状况。内容三，高校众创空间实际提供服务的企业数量以及团队数量。

②孵化绩效

孵化绩效主要包括如下几方面内容。首先，高校众创空间研发的有效知识产权在与合作企业总知识产权的数量之比。其次，高校众创空间中常驻初创企业科技型企业的数量。最后，在当年，高校众创空间成员参与各项创新创业大赛的获奖情况。

③可持续发展

可持续发展评价主要从三方面入手。一是，高校众创空间总的盈利收入以及每一季度、每一年的增长率。二是，在众创空间中的常驻企业每年吸纳的大学生人数。三是，高校众创空间中科技成果的转化比例。

④加分项

本书中的加分项是指，每一年高新企业融入高校众创空间中的数量以及占整体常驻数量的比值。

（3）众创空间教学评价方式

本部分中的众创空间教学评价方式分为如下五个部分，分别为评价范围、评价周期、评价方法、评价组织实施，以及评价结果五个方面。在评价范围上，以所在的高校众创空间为评价对象。在评价周期上，以年为周期，评价的起止日期为每年的元旦到本年的最后一天。评价的方法，首先，以不同评价内容所占的权重，分别计算对应的分数。其次，计算基础指标得分，即运用综合加权评分的方式。最后，计算综合评价得分。将基础指标得分与加分项得分相加，即得出众创空间综合得分。在评价结果方面，高校将按照相应的分数将本校众创空间的得分划分成优秀、良好、合格以及不合格四个等级。针对不合格等级的众创空间，高校可以结合实际状况，适时地终止相应的众创项目。针对合格的众创空间项目，高校可以派遣专家，对其进行深入性分析，找准突出存在的问题，进行针对性整顿，将合格众创项目向良好众创项目转化。针对良好和优秀众创项目，高校可以进行重点发展，并着重投入相应的资金以及专业性的人才。

第四节　众创空间作为高校创新创业理想载体的原因分析

在进行众创空间作为高校创新创业理想载体原因的分析过程中，主要从以下方面入手进行分析，即众创空间对高校创新创业的影响，旨在更为直观地介绍众创空间在推动高校双创发展的积极作用，立体化地展示众创空间作为高校双创理想载体的重要原因。

一、确立正确双创观念

在进行双创观念的介绍过程中，着重从高校教育者以及受教者两个角度介绍众创空间对于上述主体在双创观念上的改变，旨在真正发挥众创空间在各个教育主体、教学主体的积极作用，实现众创空间在双创方面的辐射效应。

（一）教育部门的观念

教育部门认为，"双创"不单单是提高就业率的"一把利器"，更是促进产业结构优化、升级的"催化剂"，有望成为推动我国经济发展的重要引擎。在实际的众创空间建设以及双创活动的开展过程中，各级教育部门在认识到众创空间积极影响的前提下，积极结合各院校的实际众创活动开展状况，提供相应的支持，比如政策支持、物质支持等。

（二）高校教育者观念

在高校教育方面，高校可以以众创空间构建为重要发力点，进行全方位、立体化的双创改革，真正构建具有本校强势专业特色的双创课程体系，将本校的优势专业与创业教育进行完美融合，形成具有校本特色的双创课程授课模式，最大限度地发挥本校在强势专业中的优势，促进双创活动开展效益的最大化。

（三）师生的双创观念

在师生层面，高校师生不再是双创成功案例的见证者和分析者，而是真正成为双创活动的实践者和推行者，即参与到众创空间中，真正成为创新创业的一员，感受市场大环境下的波动。在深入分析现阶段市场发展变化的前提下，预测未来市场发展趋势，制定相应的众创空间发展策略。一方面体会失败带来的挫败感，另一方面获得付出带来的快乐，纠正师生传统的以"某一阶段成功论英雄"的错误观念，真正享受创客的乐趣，有助于师生锻造顽强的双创心理，促进他们正确双创观念的形成。

二、构建良好双创环境

环境高度理想化无疑是一切活动顺利进行最为基本的前提条件，高校创新创业教育的主体为高校大学生，教育教学活动实施过程显然要以激发和长时间保持其浓厚的学习兴趣为根本，确保学生始终能够拥有强烈的学习兴趣则是关键。为此，在高校创新创业教育活动中打造出理想的双创环境必须得到高度重视。高校众创空间显然以研发创新创业项目、制定创新创业活动方案、明确创新创业活动方案的实施路径和策略为主要任务，将其作为高校创新创业教育载体必然会为广大高校大学生构建出良好的双创环境。

（一）外部环境

1. 双创文化环境

因为我国已经将创新创业发展作为国家战略层面，所以各级政府开始大力宣传双创文化，尤其是为众创空间提供强有力的双创文化环境，比如各级政府开始积极宣传，引入本地区较为出名的创新创业者，树立区域性的创业标杆，进行合理宣传，营造良好的社会和校园双创文化氛围，鼓励更多专业人士以及高校人才融入双创视野的建设中。

2. 双创融资环境

众创空间研究的对象不同，其需要的资金数量各有差异。为了推动众创空间建设，各级政府可以构建多种形式双创融资环境，比如以政府为推手，构建多种形式的双创融资模式，比如设置双创融资基金。与此同时，政府可以制定相应的融资法律法规，规定民间信贷双方的责任与义务，为双创活动的顺利开展提供必要的法规条件。除此之外，各级政府可以结合国家的相关政策，适时地减少双创方面的税收，减少降低企业和学校在进行双创活动中的各种生产成本。

（二）内部环境

1.促进融资渠道的拓展

高校众创空间负责人可以与参与众创空间的成员商议，构建不同的双创融资渠道，比如众创成员筹集、进行专业贷款、拉赞助等，营造更为多元的融资环境，即借助众创空间的力量，促进双创融资环境的优化。

2.促进内部平台的构建

众创空间内容可大可小。众创空间是双创活动开展的具象化。通过进行众创空间的构建，高校可以以此空间为载体，开展更为具象化的双创活动，学生让真正参与到众创空间的建设过程中，促进本校内部双创平台的构建。

3.促进双创设施的完善

通过进行众创空间的建设，高校众创空间负责人可以根据实际的双创空间发展需要，进行现阶段双创设备的完善，尤其是从网络以及网络相关的硬件设施入手，即从基础设施的完善入手，为后续双创活动的开展提供强有力的基础设施条件。

三、促进双创平台升级

众创空间可以促进双创教学教育的优化升级，此种优化升级重点体现在如下三个方面。

（一）为双创提供优质的资源服务

每个众创空间的类型不同，其服务的对象也千差万别。个性化的众创空间既促进了相关产业资源的优化整合，又有利于提供更为专业化的服务，真正为双创活动的顺利开展提供可以借鉴的有价值的资源服务，促进双创活动的良性发展。

（二）促进优质创新创业企业出现

众创空间构建的目的是培养优质的、具有生命力的创新性企业，这也是众创空间构建的重要着力点，即众创空间承担着孵化优质企业的重任，并不断向社会提供符合社会发展需求、促进现代化创新性经济体系构建的企业，最终达到促进现阶段产业转型，经济平稳、快速、向好发展的目的。

（三）发挥科技在双创中的引领性

双创活动顺利开展的根本动力在于科技创新。众创空间为科技创新提供了平台，其突出体现在此空间可以让不同行业的人员针对同一问题开展不同角度的讨论，真正引起一场全新的头脑风暴，提升知识转化成技术的效率，提高技术转化成生产力的速度，真正制作出物美价廉的高质量产品，发挥科技在双创活动中的引领性作用。

四、推动双创活动优化

结合众创空间在孵化创新性企业过程中的一般流程，能够深刻体会到孵化过程具有明显的系统化和全面化特征，并且能够真正落实到实处，而这也正是新时代背景下高校创新创业教育的迫切需求所在。为此，将高校众创空间切实运用到创新创业教育活动之中，显然能够让学生深刻了解到孵化创新型企业所必须经历的过程，进而让传统创新创业教育开展的思路、内容、形式得到颠覆，在成就高校创新创业教育高质量发展的同时，全面提升高校创新创业型人才的培养质量。在此期间，推动双创活动的优化主要体现在如下三点。

（一）为双创活动的开展提供新思路

传统的双创理念根源于工业制造与工业化知识的有效结合，注重提升学生的专业化操作能力，如果不注重培养学生的开放性和连接性思维，最终必然会导致双创活动存在一定的滞后性。通过将众创空间理念融入双创活动中，可以真正对现阶段的双创活动理念进行指引，即让双创活动更具有连接性、协同性、共享性、开放性以及自由性。

（二）构建知识资源与市场生产联系

双创活动可以最大限度地缩短知识转化成生产力的时间，即让众创空间中学生的想法转化为现实，并接受市场的检验，有利于提高优质学术资源转化成实际生产力的速度，实现双创机制的优化升级。

（三）拓展双创活动的良性持续发展

众创空间是双创活动的具象化表现。通过进行众创空间的构建，高校可以让自身的双创活动更具有着力点，并真正促进双创活动"落地、生根、发芽、成长、壮大"，促进双创活动的良性发展。

在本章各节所阐述的观点中，可以看出在新时代背景之下，高校创新创业教育高质量发展是成就我国创新性国家建设，并最终实现新时代中国特色社会主义现代化强国建设目标的根本动力。而在高质量发展道路中，高校众创空间发挥的作用和体现出的价值极为明显，能够有效促进高校创新创业教育实现多维度融合，所以将其作为高校创新创业教育活动开展的理想载体无疑成为必然。在下一章节中，将围绕促进高校创新创业教育多维深度融合的具体表现作出系统论述。

第三章 众创空间与高校创新创业教育多维深度结合

在之前的两个章节中，已经明确了高校创新创业教育发展的概况和基本趋势，以及众创空间在新时代高校创新创业教育发展中的推动作用，由此充分说明高校创新创业教育在理想载体的选择上应该面向众创空间的建设与运用。其中，表现最为明显的作用点就是众创空间能够促进高校创新创业教育实现多维深度融合。

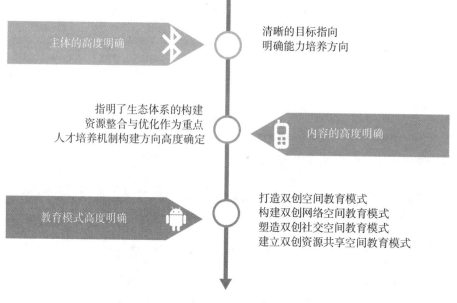

图 3-1 众创空间促进高校创新创业教育多维深度结合具体表现

如图 3-1 所示，在高校创新创业教育活动中，大学生创新意识、创业精神、创新创业能力的全方位培养必须做到要有理想的载体作为基本支撑条件，在载体中还要有丰富的教育模式和教育资源作为保证，由此方可达到最为理想的目标，高校众创空间的建设与有效利用固然能够助其上述目标的实现。对此，在本章各节内容中，就立足该基本作用点进行深入的阐述，希望能够为广大高校创新创业教育工作者和有关学者带来一定的启示。

第一节　为高校创新创业教育开展明确了主体

众创空间为创新创业教育发展指明了主体，其中的主体即为学生。众创空间的构建，从外化形式而言，可以培养更多市场上不存在的新公司，尤其是创业公司，从内化形式而言，众创空间可以真正打造具有创新意识、创造能力的高素质复合型人才。众创空间是打造创新性人才的平台，可以充分实现"聚是一团火，散是满天星"的构建初衷，即将人才汇聚到此平台，构建出创新性的公司，鼓励此平台中的人才走出去，点燃更多创业之火，促进一个个优质创业公司的形成。

一、构建培养创业人才的空间

从"众创空间"的定义来看，就是为创新创业项目研究、方案构建、系统化制定实施策略提供全方位服务的平台，进而孵化出极具创造性的新型企业。在此期间，客户显然是众创空间的主体，一切活动都要以满足客户的需求来进行，所以众创空间在创新型企业孵化的可持续性上能够得到充分保证。针对高校创新创业教育而言，全面建设并有效运用众创空间就意味着该空间的主体向学生转变，一切活动的开展都要围绕促进学生创新意识、创业精神、创新创业能力的全面发展来开展，进而为培养创业人才打造极为理想的空间。

（一）管理机制

本书中的管理机制是辅助学生在众创空间的构建中提供初创帮扶，并对他们进行基础性的管理，让学生在未来的创业过程中具备基本的创业素养。具体言之，本书中的管理机制主要包括如下四方面内容。

1.一站式服务机制

在进行众创空间的构建过程中，高校考虑到部分学生并不具备基础性的创业尝试，对其进行一站式服务机制的服务提供，比如向学生提供法律咨询服务、金融服务、税务服务、工商服务以及创业资金服务等。与此同时，对初次构建初创空间的学生，高校可以为此部分学生提供基础性办公设置，以及外部资源的对接。

2. 监督管理机制

在进行监督管理机制的构建过程中，高校可以从学生个体以及学生群体两个角度切入。在学生个体方面，高校需要监督学生的助创资金运用状况，及时对滥用资金的行为进行举报，学生中的滥用资金巨大者，可以提交相应的政府部门。在对学生群体进行监督的过程中，高校注重对监督学生管委会进行抽查，坚决避免众创学生管委会"身在其职，不谋其政"的无作为状况，为双创活动的开展提供良好的机制条件。

3. 交流评判机制

本书中的交流评价机制主要包括两方面的内容。其一，基于众创空间发展中的交流内容机制。学生在进行众创空间的组建、发展过程中会遇到各种各样的问题。可以用此机制交流在实际众创空间构建过程中存在的问题，并在听取他人建议的前提下，结合众创发展实际，制定相应的问题解决策略，促进众创空间生产活动的良性开展。其二，基于众创空间结果的考核机制。众创空间的构建不仅需要相应的场地和资金，而且需要对应的设备。为了实现众创空间资源的优化配置，高校可以构建众创空间结果考核机制，对学生构建众创空间综合经济效益以及社会效益进行排序，真正淘汰一批无法创设双重效益的众创空间，实现高校资源利用效益的最大化。

4. 人才培养机制

在进行人才机制的培养过程中，高校可以从多个角度入手，比如双创比赛、双创实训基地的建设等。通过进行双创比赛，高校可以以众创空间营造的经济效益和社会效益为依据，进行众创空间排名，并通过比赛的方式，发现学生在进行众创空间构建中的问题，提供针对性的解决策略，让学生在具体的比赛过程中以弥补个人众创空间缺陷的方式，掌握具有实操性的双创能力。又如通过进行双创实训基地的建设，高校可以让学生参与实训基地的各种培训，尤其是双创知识培训，使他们具备基本的创新创业意识，为后续构建众创空间奠定必要的意识、实践基础。

（二）管理制度

本部分中的四大管理制度包括入孵企业制度、工商注册制度、项目评估制度，旨在开展较为规范的双创活动，促进高校学生创新意识的形成，使他们逐步具备创业素养。

1. 入孵企业制度

入孵企业制度包括退出制度和管理制度。在管理制度方面，学生在众创空间的建设过程中需要填写相应的协议书，比如《大学生众创空间协议书》《安全责任协议》《众创空间中心年度计划》等，在遵守相应制度的过程中，规范个人的众创空间活动行为。在退出制度方面，高校可以设置两种制度。第一种，学生可以支付一定的费用，带走众创空间中的硬软件设备。第二种，学生自动放弃创办的众创空间，获得一定的费用。

2. 项目评估制度

在进行项目评估制度的制定过程中，高校可以聘请专业人员，比如投资人、孵化器负责人等，以众创空间的可行性、实用性以及原创性为依据，对学生众创空间的各种活动进行评估，尤其是评估现阶段的市场估值、未来的市场潜力，指出现阶段众创空间存在的问题，提供可操作化建议，促进学生的众创空间各项活动良性发展。

3. 工商注册制度

高校可以辅助学生完成工商注册。首先，核准众创空间名称。其次，提交众创空间的审核材料。再次，领取众创空间经营执照。最后，设置众创空间样章。在进行上述工商注册的过程中，高校需要配备专业的工商注册管理人员进行辅助，并让专业人员与学生进行多元化沟通，让学生了解工商注册的步骤以及进行工商注册的重要性。

（三）资源平台

在资源平台的构建过程中，注重从导师资源库入手进行针对性介绍。具体言之，在导师资源库的建设过程中，高校可以从创业的不同角度入手引入相应的导师，比如在众创空间成立初期，需要引入天使投资人，让天使投资人以个人的视角分析投资的注意点，使学生在聆听天使投资人观点的同时，形成更为立体化的创业投资思维。在众创空间中期，需要结合本众创空间发展状况，比如遇到的瓶颈，进行针对性咨询。在此时期，可以引入知名成功创业者，进行相应的咨询，即让学生通过观看视频的方式，结合众创空间在此时期遇到的瓶颈，寻找相应的答案。在众创空间后期，学生完成一个项目后，并在这个众创空间项目中获得一定的经济和社会效益。在进行此次众创空间活动的反思过程中，学生可以观看双创企业家分享的整个创业历程，并设定与创业企业家相同步的创业时期，即以时期为单位进行对比，在两者进行对比的过程中，寻找个人在众创空间中存在的问题，以及创业企业家在创业中的优点，进行针对性学习。通过运用导师资源库，学生可以结合个人在众创空间发展的不同阶段，观看相应的导师视频，最大限度地解决各个阶段存在的问题，促进学生双创能力的提升。

二、提高学生综合双创能力

毋庸置疑的是，高校创新创业教育的最终目的就是要让学生能够成为高质量创新创业型人才，而在教育教学活动中，学生创新意识和创新精神的全面培养则是根本所在，而创新业能力的全面提升则是关键中的关键，如何在实践活动中确保高校大学生创新创业能力得到综合性提升，显然是广大高校创新创业教育工作者不断进行深入探索的方向所在。众创空间作为集优秀创业团队和创新创业资源于一体的理想创业平台，将其作为高校创新创业教育的重要载体必然会让学生在实践中不断强化自身创新创业综合能力。

（一）双创意识

众创空间可以从多个角度切入促进学生双创意识的形成。具体言之，主要从学生对创业灵感的捕捉、创新创业本质的认知以及创新创业素质的形成三个角度介绍众创空间对学生双创意识形成的影响。在学生双创灵感的捕捉方面，高校通过众创空间可以让学生在众创空间构建中不断反思和学习，思考适合个人的众创空间项目，在此过程中捕捉到创新创业的灵感。在创新创业本质的认识上，高校可以提供更多营造众创空间的机会，让学生真正参与到众创空间的构建中，并在细心听取多方面专家、创业者意见的基础上，不断修正个人错误的创新创业观念和思维。逐步在自我否定的过程中学会自我肯定，不断树立创新创业的自信，在一次次的实践过程中掌握双创核心要领，体会创新创业即为"实现个人价值，为社会做出贡献"的深刻内涵。在创新创业素质的形成上，学生在开展众创空间项目的过程中并不是一帆风顺的，一方面可以获得相应项目的成功，另一方面也要面临项目的"流产"，或是"夭折"。在众创空间项目成功与失败的反复中，具备批判质疑以及反思总结的能力，逐渐把握创新创业的规律，获得创新创业素养。

（二）双创思维

本部分中双创思维的形成主要包括如下两方面的内容：其一，双创思维方式的形成。在进行众创空间的构建过程中，学生一方面接受专业的创业指导，另一方面通过创业实践接受并反思创业过程中出现的种种错误，逐渐懂得冷静思考问题的重要性，并能够更为立体地思考各种双创活动开展中的问题，比如运用发散思维、逆向思维、联系思维针对同一问题进行多角度分析，促进学生科学双创思维的形成。其二，积累双创项目研发和开展经验。学生在构建双创空间过程中，不仅需要考虑产品研发，而且还应从产品推广、其他部门生产状况入手思考相应的问题，即从产品线、资金线、营销线、售后线等多个角度思考问题，真正获得双创项目研发和发展的丰富经验。

（三）双创实践

双创实践能力由多种元素构成，即学生的心理素质、双创计划项目以及双创计划落实，三者之间是相辅相成、相互促进的关系。具体言之，在开展众创空间各项活动的过程中，学生首先需要制定众创空间活动计划。在具体的计划制定过程中，学生可以运用逆向思维，以结果为导向进行相应执行步骤的设定，完成相应的项目执行计划。其次，学生需要在实践的过程中以此项计划为依据，进行相应众创空间项目的落实，并在具体的实践过程中，一方面从心理上进行调节，比如调节心理预期与现实能力之间的落差，还需具有"背水一战"的决心和在创业未成功前"战战兢兢，如履薄冰"的谨慎心态。另一方面需要立足现实，并不断让计划贴近现实，还要不断提高现实中的产品设计要求，即构建现实实践与预期计划目标的结合点，真正在突破自我的过程中，获得综合实践能力的提升，具备越挫越勇的可贵创业品质。

通过本节观点的阐述，可以看出在高校创新创业教育实践活动中，将高校众创空间加以有效运用不仅可以让学生成为创新创业教育活动的主体，更能让学生创新创业综合能力得到全面发展，进而确保创新创业教育能够在理论教学和实践教育两方面实现更好地结合，能够一改创新创业教育以往"重理论，轻实践"的局面，让高校创新创业型人才培养的质量得到全面提升，确保其成为中国特色社会主义事业建设与发展极具促进作用的个体。

第二节　让高校创新创业教育活动拥有明确的内容

从教育教学活动的一般构成来看，教育主体显然是重要的组成部分之一，教育内容则是另一重要组成部分，其明确性直接关乎向学生所要传递的信息，而信息中潜藏着学生所要学习的知识、所要掌握的技能、所要具备的能力，最终会直接影响学生综合素养的发展，众创空间在高校创新创业教育中的有效运用无疑会确保学生知识、技能、能力、素养得到全面发展。图3-2 展示的是高校众创空间为高校创新创业教育发展提供的丰富内容。

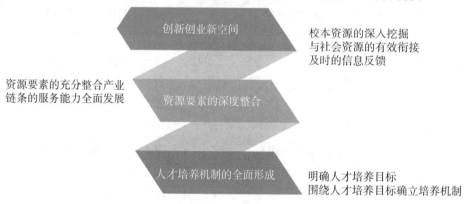

图 3-2　高校众创空间为高校创新创业教育发展提供的丰富内容

如图 3-2 所示，在高校创新创业教育活动改革与发展中，高校众创空间的应用不仅在教育目标上明确了创新创业型人才的全面培养方面，同时在教育资源上能够为之提供科学合理的补充，在人才培养模式上能够更加具有开放性特征，因此这也充分说明高校众创空间在创新创业教育发展中的应用价值。为此，在新时代背景下的高校创新创业教育活动中，高度明确其教育内容无疑是关键所在，找准教育载体显然能够促进教育内容迈向高度科学化和高度明确化，高校众创空间的有效运用能够帮助广大高校创新创业教育工作者高度明确教育内容。

一、构建高校创新创业空间新生态

高校众创空间主要集中在学校内部，是双创生态的核心性基础性措施。在进行高校创业创业空间新生态的构建过程中，高校可以尝试借鉴如下方式。

（一）挖掘本校的优势资源

高校可以充分挖掘本校的优势资源，比如学术资源、专业设备资源等。

（二）构建本校优势资源与社会资源的衔接，构建升级化的创新创业空间新生态

在实际的构建过程中，高校可以充分运用自身的学校信誉，引入多种社会资源，比如与企业进行合作，充分利用企业中的优势资源，比如具有丰富实践经验的操作人员，针对现阶段企业存在的固有问题，或是各种前瞻性问题进行针对性探讨，即充分运用学校的优质理论和企业的丰富实践优势，构建优势资源互补的校企写作新生态，促进现阶段以及未来各种产业化问题的解决。又如构建社会与学校相互协作众创空间，高校除了与企业合作外，还可以与社会中的创业者进行合作，构建全新的众创空间新生态。以产品开发为例，创业者可以与高校达成如下协议：创业者负责收集所在公司产品存在的问题，尤其是购买者的意见。

（三）信息的及时反馈

创业者可以将这个建议反馈给高校众创空间有关负责人，让其结合购买者的意见，开展针对性的产品设计讨论，设计出与创业者所在企业完全不同的新产品，在市场竞争中获得相应的优势。

二、兼顾整合资源要素和链条服务力

由于教育资源体系实现系统化构建必然会为教师"教"与学生"学"全面提供强大的支持力和服务力，不仅确保教师"教"的活动顺利进行，更让学生保持积极主动地学习状态，所以在教育教学活动全面开展的过程中，广大教师与工作者将有效进行教育资源的整合视为一项重要的工作内容，高校创新创业教育教学活动的开展更是如此。其间，教育资源体系的构建效果往往由教育载体所决定，高校众创空间作为高校创新创业教育的理想载体，无疑会为创新创业教育提供强大的资源保障，同时能够为创新创业产业链条的全面构建发挥服务作用。

（一）整合资源要素能力

与大企业相比，众创空间的规模相对较小，其具有大企业生产中的一切

要素。本书中的资源要素主要包括人才要素、市场要素、政策要素、资金要素、产品要素以及技术要素。在进行创新创业开展过程中，学生一方面需要明确各个要素在实际众创空间中的作用，另一方面需要了解各个要素之间的内在逻辑，真正将各个要素之间进行优化组合，最终达到"整体功能之和大于各个部分功能之和"的目的。在实际的众创空间构建过程中，学生切忌形成"只有一切创业条件均具备方可创业"的旧有思维，需要树立绝对的自信，即在条件不成熟时也进行众创空间的建设，并在建设的过程中，发挥个人潜能，充分运用一切可以运用的资源，完成上述资源要素的整合，最先把握市场商机，在与其他竞争者的博弈中，获得相应的胜利。除了进行资源要素的整合外，学生需要分析各个资源的拥有者，并与这些资源的拥有者进行针对性沟通，最大限度地把握相应的资源，促进众创空间各项活动的顺利开展。

（二）提升链条服务能力

本书中的链条服务能力主要是指产品从研发、设计，到投入市场，进行后期服务维护全过程体现的综合性能力。具体言之，链条服务能力主要由两部分构成。第一部分，产品实际生产链条。第二部分，产品实际生产信息链条。在产品实际生产链条中，众创空间负责人（此部分指的是学生）需要构建各个小部门之间的沟通机制，即让各部门发表在产品生产整个过程中想法，尤其是对上下游部门工作的意见，对现有的生产方式进行调整，实现上下游生产链的完美融合，促进整体链条服务能力的提升。在产品实际生产信息链条构建中，高校众创空间负责人除了关注实际的生产过程外，还需要关注生产过程中各个信息的流通状况。一方面是整理常规的生产信息，另一方面建立相应的生产信息预警系统，即当生产问题发生时，承担生产、销售以及售后服务等各个部门可以第一时间接收此信息，并及时做好下一步的安排，促进整个众创空间各项活动的合理开展。

三、设置校企合作双创人才培养机制

众所周知，人才培养的过程必须高度重视其实用性，由此让人才进入社会能够更好地服务和推动社会发展，进而将自身的作用价值最大程度地呈现出来，并且在社会磨炼过程中能够不断将其作用价值进行深度挖掘，最终实现自我社会作用价值的最大化。从时代发展角度来看，创新创业型人才作为新时代我国社会主义事业发展道路中的人才需求方向所在，如何让学生真正能够切实满足新时代人才需求，显然要在创新创业教育活动中得到最真实的磨炼，因此学校与创业团队之间的紧密合作就成为必不可少的条件。

（一）科学设置校企双创人才培养目标

校企双创人才培养目标主要从两个角度入手。第一个角度，即人才双创能力的培养。第二个角度，即挖掘适合创业的人才。在人才双创能力培养过程中，高校着重锻炼学生的综合双创思维。具体言之，高校与企业合作，通过开展动手实践的方式，让学生在动手实践的过程中面对更多的不确定性，即学生会摆脱传统的唯一化答案的思维方式，结合实际众创活动中的问题，与其他众创成员之间进行针对性沟通，达到锻炼学生领导能力、协调能力以及沟通能力的目的。第二个角度，即挖掘适合创业的人才。"千里马常有，而伯乐不常有"，在进行创业性人才的挖掘过程中，高校和企业合作，组织不同形式的双创活动，比如开展竞赛，并邀请创业成功的企业创业者进行评判，即在比赛的过程中发现真正具有创业潜质的人才。

（二）构建多元目标双创人才培养机制

在构建多元目标双创人才培养机制过程中，高校可以从如下几个角度入手，进行双创人才的培养。角度一，增强学生的动手实践能力。在进行校企合作的过程中，高校可以与企业商讨，在结合学生实际水平的基础上，让他们完成与本专业相关、企业生产联系紧密的作品，使学生综合运用个人掌握的专业性知识，完成产品的创作，促进他们综合实践能力的提升。角度二，培养学生发现问题的能力。在双创人才的培养过程中，教师与企业中的负责管理学生的人员进行商讨，从学生司空见惯的生活情形入手，让他们打破原有的思维方式，利用专业知识突破性地解决生活中的问题，培养他们发现问题的能力。以生活中的伞为例，教师可以让学生说出打开伞的方式，并展开多角度的思考，让他们充分结合生活中的常见，进行多角度问题的观察，使他们真正从新角度发现、解决问题，促进学生创新性思维的产生。角度三，培养学生运用跨界思维创新性解决问题的能力。高校教师可以与企业合作，设定综合性强的问题，即将不同学科知识融入问题的创设中，让学生以问题为导向，结合运用知识，自主组成以专业知识为导向的学习小组，使他们之间运用个人掌握的专业知识解决教师与企业生产者共同设定的问题，达到提升学生通过运用跨界思维创造性解决问题能力的效果。总之，从最为基础的角度切入，即从培养学生的动手能力、发现问题能力以及跨界解决问题的能力入手，让学生在校企合作的真实场景中突破性解决这些问题，促进他们双创思维的培养。

本节所阐述的观点，可以看出在新时代背景下，高校创新创业教育有效运用高校众创空间不仅可以将创新创业教育资源进行科学整合，确保创新创业教育理论教学资源和实践教育资源得到全方位的丰富，同时在人才培养机制上能够得到极具实效性的深化，由此为高校创新创业教育在教育模式上实现高度创新提供极为理想的前提条件，更为我国新时代社会主义事业源源不断输送高质量人才提供强有力的保证。

第三节　为高校创新创业教育提供了全新的教育模式

本节为高校创新创业教育提供了全新的教育模式，重点是以大数据、"互联网+"、创新 2.0 时代为时代背景，介绍现代信息技术作用下的全新双创教育模式，旨在在推动双创教育变革的基础上，为学生打造全新的双创学习场景，促进整体双创教学能力的提升。具体言之，着重从如下四点进行论述。

一、构建全新的双创工作空间教育模式

本书中的全新双创空间教育模式重点从线上和线下两个角度进行论述。在线下，众创空间充分融合了企业、创业孵化基地以及创业基地三方力量，一方面让学生在企业实践中联系理论知识，促进他们理实综合实践水平的提升，另一方面，为学生打造创业孵化基地，以此为锻炼个人双创能力的"试验场"，并在基地的不断训练中，不断夯实理论知识，并创造性地运用所学知识，解决创业孵化基地中的实际问题，促进学生双创思维的形成。在线上，学生可以通过网络的形式，实现多种创业元素的共享，比如创业资源、创业设计、创业经验以及创业知识等，并在上述元素的共享过程中，促进他们综合创业素质的增强。

以双创工作空间教育模式为例，学生可以运用现代网络，一方面可以学习创业方面的知识，另一方面可以和不同阶段的创业者进行交流，了解各个创业阶段需要注意的问题，为后续的创业活动奠定基础性的意识认知。在实际的执行过程中，高校学生可以运用双创工作空间解决日常学习过程中难以解决的问题。以工业化专业为例，高校学生可以通过众创空间，综合运用众创空间中的各种设备，比如数控机床、激光切割机、3D 打印技术等，结合

工业生产中的问题，灵活设计相应的设备，在提升学生综合问题解决能力的同时，促进他们创新能力的增强。

二、构建全新的双创网络空间教育模式

在进行双创网络空间新模式探索过程中，高校可以构建多种形式的网上双创内容咨询平台，即在网上与拥有专业经验的成功创业者、天使投资人以及中小企业家进行充分的针对性沟通，尤其是向他们请教双创过程中的问题，一方面树立科学的创业心理，另一方面掌握更多的创业方法，促进学生双创水平的全方位提升。具体言之，高校可以从如下三个角度进行双创网络空间教育模式的探索。

（一）构建网络化创业咨询栏目

在进行网络化创业咨询栏目的过程中，高校可以尝试从如下三个角度切入。其一：聘请专业的双创人员。高校可以聘请优秀的创业者、投资专家，参与到网络化创业咨询栏目中，并让这些人以特邀嘉宾的身份参与其中。其二：探讨特定问题。高校在此栏目的设定过程中，可以选定时下较为有价值的双创问题，让在校学生以及特邀嘉宾参与到此部分内容的探讨中，使本校学生真正树立正确的双创思维。其三：开展"线下指导"。高校可以结合学生在双创过程中问题存在的严重程度，进行针对性的"线下"指导，真正帮助这部分学生走出创业的瓶颈期，使他们真正跳出个人固有的认知，从更为多元的角度探究创业过程中的问题，促进学生双创素质的形成。

（二）开展校园网络空间 BBS 论坛

在高校双创教学活动的开展过程中，高校负责人可以选择一些贴近大学生创业的实际性问题，组织学生之间进行讨论。与此同时，高校负责人可以运用大数据分析、统计学生在讨论中观点以及支撑观点之后的逻辑。更为重要的是，高校负责人可以邀请创业专家以及成功创业者对在论坛中出现的集中性双创问题进行针对性研究，并结合学生的突出问题，进行针对性的探讨，真正让创业专家以及成功创业者在了解学生所思所想的过程中，进行针对性指导，促进高校大学生科学双创思维的构建。

三、构建全新的双创社交空间教育模式

创新创业作为一种社会活动，不仅可以服务社会发展，同时还能确保

自身始终维持可持续发展的状态。既然是一种社会活动那么就需要与社会保持密切的交流，所以在新时代背景下的高校创新创业教育活动中，就必须确保教育教学活动始终与社会之间保持密切的交流。在这里，不仅要在教育资源的整合和教学活动的方式上始终保持交流互动，更要在教育内容上保持与社会的密切交流和互动，力求创新创业教育与社会之间的交流通道具有多样性，让更多的创新创业资源信息能够传递至高校大学生手中。

（一）构建全新双创社交空间教育模式的意义

通过借助众创空间构构建出双创社交空间的教育意义有如下三点。

首先，有利于提升高校学生的创业素质。高校学生通过参与双创社交空间，可以聆听个人感兴趣的创业知识，并参与到相应问题的探究中，掌握相应的双创知识。比如有些学生喜欢在聆听创业故事中，了解创业者的历程，掌握创业规律，并通过联系理论的方式，更为深入地理解创业实践，最终达到促进学生创业素质提升的目的。

其次，有利于培养学生反思性的创业思维。高校可以建立创业经验交流屋，将具有不同层次创业能力，尤其是对创业感兴趣的学生，邀请到网络化的空间屋子中，让学生在针对相应创业问题的讨论过程中，从不同的视角和层次进行对创业问题的思考，并注重运用反思思维分析个人创业思维的优势和不足，并深度总结造成不足的原因，重点从个人的思维方式以及创业知识等多个角度进行探究，解决个人在实际双创学习过程中的不足问题。

与此同时，高校双创教育负责人更应让学生总结个人在双创过程中存在的优势，并将这些优势上升成相应的经验，在后续的双创活动开展中保持、发扬，最终达到促进学生双创思维形成的目的。

（二）全新双创社交空间教育模式创设的策略

1.构建动静结合的双创社交空间模式

本书中的构建动静结合的双创社交空间模式是指从静态社交空间教育模式以及动态社交空间教育模式两个角度切入。在静态社交空间教育模式的设计中，高校主要采用文字化的交流模式，比如学生之间可以以文字进行沟通，即通过网上聊天、收发邮件、开展论坛等方式，进行静态化的双创内容沟通。在动态社交空间教育模式的设计中，高校可以采用以语音为核心的多种双创社交空间模式，比如新媒体式的动态交流模式，即微信直播、快手直播、抖音直播等，实现学生与学生、学生与专家的面对面交流，精准性地解决学生在双创过程中的问题；又如可以进行微信化的视频交流模式，促进学生双创思维的形成。

2. 开展不同形式的双创社交活动

高校可以进行不同形式的双创社交活动，比如创业知识讲座、创业主题报告等。高校可以通过视频会议的形式进行创业知识讲座，让学生通过面对面视频的方式更为全面地了解个人在创业中存在的问题，并学习应对的方案。更为重要的是，学生需要将这些方案运用在实际的双创活动中，真正促进学生双创思维的增强。在进行创业主体报告的研究过程中，高校聘请的优秀创业专家可以深入解析报告中的案例，尤其是其中渗透创业知识的内容，让学生在客观可感的案例中真正加深对创术知识的理解。

四、构建全新的双创资源共享空间教育模式

"高度共享"是教育发展必不可少的保障条件，集中表现在教育资源方面的高度共享。众所周知，教育的本身不仅要提高教育对象自身的素质，更要让其能够为社会发展所服务，成为推动社会发展的关键力量。高校创新创业教育是全面培养新时代创新创业型人才的前沿阵地，所以创新创业教育活动不仅要注重培养学生创新创业综合素质，更要强调学生创新意识、创业精神、创新创业能力，而丰富的教育资源显然是最为基本的支撑条件。由于众创空间集优秀创新创业资源于一体，所以有效利用高校众创空间必然可以推动高校创新创业教育资源共享共建教育模式的全面形成。

（一）开展慕课教学

通过构建慕课教学形式，高校双创教师可以让学生在线上学习专业的双创知识，尤其是实现不同区域之间的双创资源共享，让不同区域的学生学到最为优质的创业知识。与此同时，学生在出现双创学习问题时，一方面可以在网络上给教师留言，另一方面可以与在线教师进行互动，在互动的过程中锻炼个人双创学习能力。

（二）开展混合教学

高校双创教师可以开展混合教学，即充分运用众创空间中的教育平台，将双创课程直接放到网上，让学生结合个人的实际双创学习问题进行针对性

的双创学习，在提升学生双创学习自主性的同时，使他们掌握更多的双创知识。与此同时，为了准确掌握每一位学生双创课程知识学习状况，教师可以为他们设置专门的账号，并运用大数据、云计算等技术，分析学生在双创学习中的优势以及不足，对于学生在双创学习中的不足，教师需要针对性指导，让学生发扬双创学习中的优势，弥补实际学习中的不足。

综合本章各节所阐述的观点，可以看出在高校创新创业教育实践活动中，有效利用高校众创空间不仅在教育主体方面加以高度明确，推动理论教学与实践教育活动之间形成紧密结合，同时在教育内容上实现教育资源的深度整合与优化，确保高校大学生能够更加深刻的感知什么是创新创业、为什么要进行创新创业、怎样开展创新创业，并且在教育模式上实现多维度融合，而这恰恰说明高校创新创业教育有效利用众创空间的可行性所在。基于此，在下一章节中，会针对高校众创空间为创新创业教育活动的开展提供的理想平台与载体进行深入分析，由此达到进一步深化本章节所阐述的观点的目的。

第四章　众创空间为高校创新创业教育提供平台与载体

众创空间作为创新型企业新型孵化器，是全面加快我国创新型国家建设步伐必不可少的平台。随着新时代的到来，我国已经全面开启新时代中国特色社会主义现代化强国建设的新征程，在创新型国家建设道路中，创新创业型人才培养已经成为新时代为高等教育提出的一项明确要求，高校创新创业教育显然承担着重要的历史使命。基于此，全力建设并有效运用众创空间无疑是必然之选，能够为高校创新创业教育发展提供较为理想的平台与载体。

如图 4-1 所示，众创空间在高校创新创业教育提质增效的道路中，所提供的平台与载体作用极为明显。其中主要包括"硬件""软件""资源""机制"四个方面，而每个方面中都有明确的作用功能作为重要支撑。针对于此，本章各节会将该观点作出深入阐述，希望能够为广大高校创新创业教育工作者带来一定的启示。

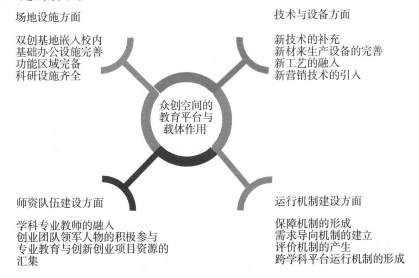

场地设施方面
双创基地嵌入校内
基础办公设施完善
功能区域完备
科研设施齐全

技术与设备方面
新技术的补充
新材来生产设备的完善
新工艺的融入
新营销技术的引入

众创空间的
教育平台与
载体作用

师资队伍建设方面
学科专业教师的融入
创业团队领军人物的积极参与
专业教育与创新创业项目资源的
汇集

运行机制建设方面
保障机制的形成
需求导向机制的建立
评价机制的产生
跨学科平台运行机制的形成

图 4-1　众创空间为高校创新创业教育提供的平台与载体呈现

第一节　创新创业场地设施方面的平台与载体作用

专业化的场地与设施是开展专业化活动的基础条件，场地与设施能否达到标准和要求必然会直接作用于活动开展的效果。故而在任何一项专业化活动开展过程中，普遍都会将场地设施的专业性、充分性、完善性放在首位，高校创新创业教育的高质量开展显然也不排除在外。对此，如何才能确保有效建立专业性极强、充分性极高、完善性极为突出的高校创新创业教育场地设施就成为焦点所在，并且要将其放在首要位置。高校重创空间的建设与运用能够将其有效化解，让其基本的平台作用和载体得到充分展现。

一、创新创业基地呈现在校园之内

创新创业实践基地的全面建设是高校创新创业教育发展的中坚环节，建设的质量也会直接影响高校创新创业教育质量和水平。故此，在通常状态下的高校创新创业教育发展道路中，普遍会采用与企业合作的方式建立创新创业实践基地，基地的选址通常在合作企业内部。这样的操作有两个好处。一是创新创业教育实践平台不需要支付过多的场地费用，二是创新创业实践活动中学生所需要的设备与器材在最大程度上能够得到全面满足。但是优势与局限往往是并存关系，有优势的同时也会有局限性存在，其中局限性也体现在两个方面。一是合作企业通常状况下场地面积有限，二是能够为学生提供的设备与器材也很难做到保证其充足。除此之外，很多合作企业往往并非专门从事创新创业项目研发，知识创客空间所孵化成功的创新型企业。这样就会导致无论是在"硬件"资源和"软件"资源方面都会限制高校创新创业教育实践活动的全面开展。

为此，高校创新创业教育在众创空间的建设与运用过程中，显然可以将上述优势条件全面保留，并且做到优势条件达到最大化，同时可以将存在的局限性因素有效避免，进而让高校创新创业教育实践活动的开展拥有最佳的"硬件"资源和"软件"资源作为保证。主要的做法包括两方面。一是广泛与创业团队建立合作关系，并且将其引入到学校之内，学校为之提供场地空间，创业团队只需要将具有高度完善性、专业性的设备带入校园即可，不仅可以避免学生经过道路交通周转从事创新创业实践活动，同时还能避免支付创新创业场地租赁资金。二是根据学校规模合理划分创新创业教育场地范围，确保校内创新创业实践基地能够满足学生创新创业项目开发全过程的切实需要，力求与创业团队接触的全员化。这显然也是众创空间为高校创新创业教育提供理想平台和载体的最为直接的表现。

二、创新创业活动基本办公设施极为完善

就创新创业活动全面开展，并且确保各环节顺利进行的必要条件来看，不仅办公场地是基础条件所在，同时基本办公设施也是必不可少的基础条件，但是也正是这些基础条件往往会为高校创新创业教育实践活动全面而又有序的开展带来巨大的挑战。之所以提出这一观点，原因主要包括两方面。一是由于创新创业项目的不同，所以导致所必需的办公条件存在一定差异，按照统一的标准显然很难达到预期效果；二是由于在创新创业项目实践活动中会遇到各种阻碍需要攻克，所以基础设施的高度完善就成为一项重要要求。

针对于此，高校在全面提升创新创业教育"硬件"水平过程中，加大其基础设施投入力度固然重要，但投入不能盲从，需要专业的团队为之提供指导，或者与之进行"硬件"资源的高度共享，这样方可保证高校创新创业教育实践活动拥有高度适用、极为完善、集聚专业化特征的基本办公条件。

高校众创空间建设与发展其目的就是要让高校大学生能够真正进入到创新创业项目孵化过程中去，所以众创空间内所云集的创业团队往往在基本办公设施的建设上都能做到高度适用、极为完善、集聚专业化的水平。为此，高校首先要从资源共享的角度出发，让基本办公设施做到高度共享，这样不仅提高众创空间创业团队基础设施利用效率，同时还能确保高校在创新创业教育的其他领域的发展有更为充足的经费。此外，再根据众创空间创业团队在创新创业教育实践活动发展中的具体需要，向高校明确基本办公设施的引进方向和具体规格与标准，确保高校创新创业教育实践活动基本办公设施的专业性、完善性、充足性得到全面提升，让教育载体在"硬件设施"方面呈现出高度的理想化。

三、生产区、展示区、科技区一应俱全

就当前创新创业教育发展的现实情况来看，带领学生共同研发创新创业项目、共建创新创业实践方案和实施流程、共同整理创新创业项目研究成果无疑是高校创新创业教育共同努力的方向。在此之中，打造生产区、展示区、科技区自然是高校大学生创新创业实践活动最为理想的硬件环境所在。

在此期间，不仅需要广大高校在场地设施方面加大投入力度，更要有专业的创业团队与之共同建设，进而才能形成一个较为理想的实践空间，由于众创空间的建设与发展必然会吸纳较多的创业团队，所以能够为高校创新创业教育区域的生产区、展示区、科技区建设与完善带来极大帮助。

生产区主要针对产品设计和研发后的生产与加工环节而建立的工作空间。其中，不仅要包括产品生产预加工的场地，同时还要包括产品生产与加工过程中所必需的设施、设备、器材，以及产品质量检验过程所必需的主要器材等。展示区主要针对创新创业项目研发和运行的全过程进行成果展示，其中包括阶段性成果展示和最终成果展示两个部分。在此期间，不仅需要有专业的场地，还要有专业的展示设备和材料作为重要支持，由此让高校大学生能够深刻认识到创新创业项目给社会日常生产生活，以及自己未来发展所能够带来的改变。科技区主要是指科技创新成果的展示区域。众所周知，新时代高校创新创业教育更加强调用科技改变未来和用科技引领未来，所以高校创新创业教育更加注重项目研发过程，以及项目运作和流程中的科技创新成果产出量，故而需要有科技区将其成果进行专门性的展示，从而确保让高校大学生能够感受到学科专业知识和技能在推动科技创新过程中所发挥的作用，并且创新创业项目能够与时代发展的需求相吻合。

众创空间作为集创业团队和各类创新创业资源于一体的综合性载体，必然能够为高校创新创业教育专业性、全方位场地设施建设提供最理想的方案，必然能够让创新创业项目从研发到生产，再到成果转化的全过程充分呈现在学生面前，由此让广大高校大学生针对创新创业能够有更加深刻地认知，让其创新意识、创业精神、创新创业能力的全面形成和高度坚定提供较为理想的硬件条件。

四、科研设施较为完备

相信每一位教育工作者都能深刻感知到科研工作是教育发展的重中之重，其原因在于科研工作的开展往往是在教学目标、教学内容、教学方法等方面进一步延伸，进而让教育教学工作始终保持创新发展的趋势，以此来不断满足时代发展对教育教学工作提出的新要求。高校创新创业教育提质增效无疑也是如此，教育科研工作是最基本，也是关键的一个环节。在此期间，强大的科研力量必须要有完善的科研设备作为重要支撑，依托外力确保科研设备专业性和完善性自然是关键中的关键。

面对时代发展对高校创新创业型人才培养提出的新要求，高校创新创业教育全力建设和发展众创空间就是要吸引强大的外力，让高校创新创业教育水平得到全面提升，其中最为重要的就是科研水平。众所周知，众创空间中的创业团队以开发创新创业项目为主要任务，项目研究是日常项目研发工作的重中之重，无论是在科研设备方面还是在科研成果方面显然能够体现出极高的专业性和完整性。对此，高校不仅要加大对创新创业教育科研的投入力量，同时还要注重与众创空间内容的创业团队保持科研领域的资源共享，其间创业团队不仅能指导高校创新创业教育科研设备采购的具体方向，同时为之进行有效的质量把关，更能确保众创空间科研设施利用率达到最大化，从而在核心资源方面来保证高校创新创业教育始终保持实现品质化发展。

本节所阐述的观点，不难发现在新时代高校创新创业教育发展道路中，众创空间的建设与运用在其"硬件"水平不断提升中发挥出了重要作用。其间，不仅是在创新创业园区建设方面，能够做到嵌入至高校校园，同时在创新创业教育理想活动区域建设，以及科研工作的高质量发展方面，在硬件条件方面能够为之提供极大程度的支持。除此之外，还能有效指导高校不断完善创新创业场地设施等硬件条件的建设。这显然是众创空间为高校创新创业教育提供理想平台与载体的直接表现。但不可否认的是，还有一直接表现需要加以高度明确，本章下一节内容会将其加以具体阐述。

第二节　创新创业技术与设备方面的服务支撑作用

新技术与新设备的高效运用是新时代创新创业活动必不可少的重要条件，新时代指的就是中国特色社会主义新时代，党的十九大胜利召开标志着中华民族开启了全面建设中国特色社会主义现代化强国的时代，这一时代的到来也意味着中华民族比任何历史时期都要接近中华民族伟大复兴，比任何历史时期都需要各个领域的创新发展。为此，高校创新创业教育作为全面培养创新创业型人才的摇篮，依托新技术与新设备的高效运用，为学生打造出极为理想的创新创业实践平台和载体显然成为重中之重，高校众创空间作为一种创新程度极高的孵化器，能够为高校创新创业教育发展提供技术和设备层面的服务支撑作用，这也是本节所要阐述的内容所在。

一、新技术的服务支撑作用

新技术是创新发展的原动力，故而是创新创业的重要依靠。高校创新创业教育活动的高质量发展由此也要将引导学生认识并掌握新技术视为重中之重。但是，达到该目标需要充分引进新技术，并且为高校大学生提供强有力的技术指导，这就需要在"硬件"和"软件"条件上同时加大力度，高校众创空间必然要发挥不可替代的服务和支撑作用。

（一）信息获取技术的服务与支撑作用

毋庸置疑的是，当今社会企业在行业发展中始终处于可持续状态的根本前提就是及时获得相关信息，并且获取的信息高度充分，由此来判断社会关于产品与服务的总体需求，进而有效进行产品营销方案和策略的改进。在这里，运用计算机和互联网技术进行及时、有效、全方位的信息获取就成为关键中的关键。为了更好地应对社会发展所提出的新要求，高校创新创业教育要引导广大高校大学生理解并掌握信息获取技术，由此确保创新创业项目的选择、创新创业时机的把握、创新创业营销方案与营销策略的优化。在此期间，高校众创空间的有效运用显然有助于高校创新创业教育顺利渡过这一难关，为广大高校大学生有效理解和掌握信息获取技术提供有效的服务与支撑条件。

（二）信息传递技术的服务与支撑作用

信息获取是有效了解行业发展动态和市场具体需求的重要路径，但绝对不是做到有效进行信息获取就可以保证企业的可持续发展，并最终达到又好又快发展目标，还要能够做到高效率地传递信息，由此让企业各个部门可根据行业发展动态和社会需求方向作出有效调整，以此来保证企业的可持续发展和实现又好又快的发展目标。对此，在高校创新创业教育实践活动中，不仅要向学生提供信息获取技术。指导学生充分掌握该项技术，更要让信息传递技术进入实操活动之中，力求学生的创新创业实施方案和实施策略能够成为有机整体，以最快的速度结合行业发展和市场需求进行实施方案与策略的优化。在此期间，高校众创空间显然具备该优势，能够为之提供强大的服务与支撑作用。

（三）信息处理技术的服务与支撑作用

信息处理技术主要针对获取和传递的信息进行全面归纳与整理，之后针对各类信息进行综合性分析，所获得的分析结果往往可以为科学决策和策略调整提供重要指向作用。该技术不仅在大型企业生产经营过程中有着至关重要的作用，更在初创型企业发展中有着决定性作用。针对于此，在高校创新创业教育活动中，无论是在理论教学还是实践操作能力的培养活动中，都要将学生深刻认知和掌握该技术作为一项重要任务。其间，技术引进和操作指导环节极为重要，也是高校创新创业教育工作者关注的焦点所在。高校众创空间在信息处理技术的配备上，将最前端的技术作为必然之选，所以有效运用高校众创空间无疑可以在信息处理技术的引进与指导工作上发挥服务与支撑作用。

二、新材料生产设备的服务支撑作用

新材料的广泛应用不仅有利于我国"绿色""环保""低碳"型社会的全面构建，更能让产品生产的成本得到科学合理的控制，所以这一领域往往是创新创业重点关注的方向。为此，在高校创新创业教育活动中，让学生积极围绕上述发展理念去探索创新创业项目，并且为之提供充足的生产设备显然就成为关键中的关键。在此期间，众创空间所提供的设备支撑和服务条件自然不容忽视，如图 4-2 所示将其具体支撑和服务条件加以概括，并在下文中将具体的设备服务和支撑条件所发挥的作用进行主要阐述。

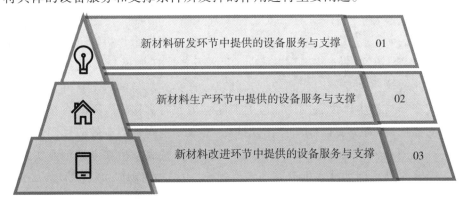

新材料研发环节中提供的设备服务与支撑　01

新材料生产环节中提供的设备服务与支撑　02

新材料改进环节中提供的设备服务与支撑　03

图 4-2　众创空间在创新创业教育新材料生产设备方面提供的服务与支撑条件

通过图 4-2 所呈现出的设备服务与支撑条件可以看出，众创空间在高校创新创业教育活动中，能够为学生探索新材料的研发、生产、改进提供强大的硬件支撑条件。具体而言，高校创新创业教育教学活动中，引领学生新材料的研发与生产理念，并且促进相关能力的全面发展就成为日常创新创业教育实践活动的重要组成部分，新材料研发和生产所需要的设备，以及有效指导其设备操作的专业人员就成为不可或缺的资源条件，高校众创空间显然能够为之提供全面的服务与支撑作用。

（一）新材料研发的设备服务与支撑作用

新材料的研发与使用是企业有效降低生产成本的重要路径之一，针对初创企业而言，由于资金紧缺的现象较为普遍，所以在产品研发、设计、生产过程中有效进行成本控制关乎初创企业的未来发展，新材料的研发与使用固然成为初创企业成立之初必须关注的焦点，研发环节显然要放在首要位置。其间，新材料的研发环节需要经过科学探究、科学验证、科学改进三个阶段，每个阶段都需要进行反复的实验，最终获得绿色、环保、可再生价值较高的生产材料，完善研发设备自然是基础所在。为此，高校创新创业教育理论与实践教学活动中，不仅要将新材料研发与使用的价值向学生进行渗透，更要把实践操作中研发新材料的一般流程和具体操作路径展现在学生面前，同时培养学生的实操能力。其间，高校众创空间可向其提供新材料研发的设备，并且指导学生深刻认知研发新材料的一般流程和具体操作路径，最终帮助学生在实践中提高实操能力。

（二）新材料生产的设备服务与支撑作用

新材料在生产过程中的质量把控无疑关乎产品质量，更关乎企业生产成本控制的效果。其间，最为关键的一环就是生产技术是否能满足生产的需要。在这里，既要做到不断引进新的生产设备，还要做到新设备的正确使用。因此，这些都是新时代高校创新创业教育必须具备的基本条件，高校众创空间在新材料生产设备的更新速度上能够得到有力保证，同时在技术操作能力的强化方面也会进行不间断的培训，将众创空间加以有效应用固然能够解决高校创新创业教育这一棘手问题，从而让高校大学生在创新创业实践活动中能够深刻掌握新技术生产的基本流程，以及技术操作的注意事项。

（三）新材料改进的设备服务与支撑作用

众所周知，新材料的研发与生产通常不会一次成型，在生产过程中往往都会存在一定的瑕疵，需要经过多次调整后才能生产出满足产品生产需要的新材料。在此过程中，需要经过多次的产品检验和设备的调试才能达到上述目标。为此，进行新材料的质量检验和生产设备的调试就成为高校创新创业教育实践活动的主要组成部分，质量检验设备和具有丰富经验的工作人员显然就成为必须具备的资源条件，众创空间显然具备这些"硬件"和"软件"资源，能够为学生深刻认知怎样才能生产出高质量的新材料，从而有效进行企业生产成本的控制提供良好服务和支撑作用。

三、新工艺的服务支撑作用

新工艺是产品创新的必要条件，也是产品生产过程中全面提升其品质不可缺少的要素所在。结合当今时代背景下人们关于产品本身的需求取向，不难发现高品质并且赋有创新性和创造力的产品更受社会广泛青睐，所以创新创业项目的选择往往都是立足这一社会普遍需求来研发，故而新工艺就成为创新创业实践活动有序开展的关键性条件，高校创新创业教育要为大学生创造出这些条件，高校众创空间可以满足创新创业教育的该项需要，能够为之提供新工艺的服务支撑作用。

（一）精工设备成为高校大学生新产品生产的关键

就当前时代发展的总体态势而言，科学技术的发展与进步直接带动社会经济步入又好又快发展新阶段，人们在各种产品的需求方面，往往在更加看重品质的同时，也高度关注产品本身的创新性。为此，这无疑也向高校创新创业教育传递一套极为重要的信息，即创新创业项目的选择过程既要注重产品自身的品质，更要注重产品本身的功能性和创新性的不断提升。其间，创新创业项目在产品的研发、设计、生产活动中，精工设备的引进自然要放在重要位置，而众创空间中创业团队在项目研发等环节中会高度关注这一社会需求。所以创新创业教育有效运用众创空间必然可以确保精工设备进入教育教学实践活动之中，为学生新产品生产加工环节提供最为关键的设备服务与支撑条件。

（二）工匠精神的传承成为高校大学生新产品生产的重要支撑

众所周知，新产品的研发、设计、生产、深加工的过程需要有一系列的方案作为基础条件，同时还要有精密仪器作为重要的支持条件，以及工匠精神作为重要依托，由此方可确保生产出的产品能够满足大众需要，并始终保持炙手可热的状态。为此，为学生打造出传承工匠精神的心境，并且为之提供完善的精密仪器就成为高校创新创业活动不可缺少的又一重要条件，众创空间内部的创业团队不仅在精密仪器方面有着雄厚的资源，更是将传承工匠精神普遍作为重要使命，所以高校创新创业教育有效运用众创空间能够为高校大学生创新创业实践活动传承工匠精神，生产出高品质的产品提供重要支撑。

（三）人工智能设备有助于开拓大学生新产品研发和生产的想象空间

人工智能设备是科学技术飞速发展的最新产物，随着科学技术发展步伐的不断加快，人工智能设备在生产制造领域已经较为成熟，可以确保产品大批量生产的同时，保证产品生产的质量。为此，高校创新创业教育在引领学生创新创业实践能力的全面发展过程中，要让学生广泛接受并了解最前端的人工智能设备，让学生能够深刻感受到其设备能够在一定程度上满足自己的创新需要，进而拓展新产品研发和设计的想象空间。这一目标显然通过高校众创空间就能够得以实现，而这也正是该教育平台为高校创新创业教育在技术与设备方面提供强大保障力的重要说明。

四、新营销的技术服务支撑作用

市场营销作为企业发展的"命脉"所在，市场营销技术是否与时代发展步势相同必会影响企业发展前景。为此，在高校创新创业教育活动全面深化过程中，为之提供新营销技术服务和支撑条件显然是教育教学活动至关重要的一环。其间，众创空间的有效运用能够满足高校创新创业教育发展所提出的新要求，接下来就通过三方面将其加以明确。

（一）数字技术支持和服务大学生创新创业营销方案

就新时代发展的现实情况而言，"数字化"已经成为时代的代名词，大数据、云计算、云存储显然是成就各行各业各个领域发展的关键，有效利用数字技术从事生产经营活动必然能够提升自身的核心竞争力。为此，高校大学生在创新创业道路中，生产经营活动的有效开展必须将数字技术全面应用作为关键中的关键，从而形成一套极具核心竞争力的项目营销方案。对此，高校创新创业教育必须让学生深刻了解什么是数字技术，同时让其知晓具体运用方法又是什么，高校众创空间在创新型企业孵化过程中，必然会将最先进的市场营销技术作为重要的技术支撑条件，所以高校创新创业教育有效运用众创空间的优势必会为大学生创新创业营销方案迈向数字化提供重要的支持和服务条件。

（二）信息化办公优化大学生创新创业营销活动的全面实施

从当今时代各行各业各领域的发展情况出发，办公已经实现全面信息化，各项业务流程都是以网络信息传递的方式来进行，由此确保办公效率达到最高，让市场需求能够在最短的时间得到反馈，同时以最快的速度将其充分满足。故而，信息化办公也是市场营销活动方案高质量开展的必要前提条件所在。为此，高校创新创业教育引导高校大学生创新意识、创业精神、创新创业能力全面发展的过程中，必须要让学生深刻感知创业项目的实施流程必须以实现高度的信息化作为基本前提，并且实践活动还要为之打造信息化实践情景。众创空间中创业团队在进行创新创业项目研究活动中，高度的信息化是最基本的要求所在，因此高校创新创业教育在有效运用众创空间的过程中，后者无疑能够为其打造出理想的信息化办公实践情景，帮助学生深刻认知市场营销活动实现信息化的基本要素和基本流程。

（三）"互联网＋"模式助力大学生创新创业活动的品牌化发展

市场营销方案中，由于品牌构建、品牌推广、品牌服务是企业保持可持续发展状态，以及实现又好又快发展目标的关键条件，也是品牌效应的最终体现，所以企业谋求可持续发展并实现又好又快发展目标中，普遍将"品牌化"作为基本的发展道路，并且将其作为市场营销战略的重要环节。为此，在高校创新创业教育活动中，促进高校大学生在创新创业实践中打造特有的品牌，并且做到有效进行品牌推广和品牌服务则是必然之选，"互联网＋"技术的全面应用能够助其转化为现实。高校众创空间在进行创新型企业孵化过程中，依托"互联网＋"模式成功进行品牌推广的方案众多，所以能够将该项成熟的技术顺利引入创新创业教育实践活动之中，确保高校大学生在创新创业项目研发、实践方案构建、实践流程的落实中，有效利用"互联网＋"技术建立品牌化发展思维。

纵观本节所阐述的观点，不难发展在高校创新创业理论教学和实践教育活动中，专创融合必然推动高校大学生深刻意识到创新创业与学科创业领域之间存在密不可分的联系，诸多创新创业项目的成功孵化和可持续经营往往都是来自专业视角，所以在项目研发过程中，新技术、新工艺、新材料、新经营方式的研究与探索往往都需要专业的技术和设备作为重要支撑条件，进而方可确保创新创业项目满足当今时代的发展需要。对此，众创空间作为集高尖端技术和设备、成功创新创业案例、丰富资源于一体的众创平台，显然能够为高校创新创业教育在技术和设备层面打造出理想的平台或载体，让高校创新创业教育发展之路在技术和设备层面得到强有力的支持条件。

第三节　高校学科教育与教师队伍方面的合力作用

学科教育作为我国高校学科专业人才培养的主要载体，教师队伍建设作为"软实力"所在，所以以往在高校人才培养道路中，普遍将学科教育和教师队伍建设作为两项重点内容。伴随时代发展步伐的不断加快，在全面建设新时期中国特色社会主义现代化强国道路中，创新创业型人才培养无疑作为高校人才培养的主要方向和任务，学科专业教育和高校创新创业教育之间的紧密结合成为决定性条件，其中教师队伍之间形成合力是全面提升高校创新创业教育"软实力"的关键，高校众创空间无疑有着不可替代的作用。

一、各学科专业教师成为创新创业教育活动的参与者

从高校创新创业教育发展实现专创融合的明显表现来看，是学科专业教师与创新创业教育工作者共同参与创新创业型人才培养活动，也就是说专创融合的首要环节就是教师队伍之间的相互融合，学科专业教育与创新创业教育之间在教师队伍建设方面没有明显的界线。在这里，针对各学科教师积极参与创新创业教育活动而言，应主要体现在理论教学和实践活动两个方面，众创空间从中发挥的作用具体如下。

（一）在创新创业理论教学活动中的参与

众所周知，理论教学活动是任何一项教育教学活动的基础，学生只有从理论层面理解、接受、掌握所要学习的知识点，并形成一个完整的知识结构，由此才能确保各项学习技能和学习能力得到全面发展，最终学习活动方可升华到学习情感和专业素养层面。在新时代背景之下的高校创新创业教育发展也是如此，高质量的核心在于专创之间的相互融合，而让学生从理论层面能够意识到所学专业的知识能够为创新创业提供强有力的保证固然要放在首位。所以，在各学科专业教学活动中，专业教师不仅要深层次了解创新创业理论知识，同时还要进入创新创业理论教学活动之中，用专业理论去印证与创新创业理论知识的相互兼容，以此让学生在理解、接受、掌握创新创业理论知识的同时，能够体会到专业理论知识的适用性。

（二）在创新创业实践活动中的参与

实践是检验理论的最有效途径，理论教学成果更是如此，需要通过实践活动将其进行检验，并且不断在实践中进行打磨，最终才能实现理论成果向实践成果的有效转化。高校创新创业教育发展道路中，在理论教学层面做好专创之间的相互融合显然只是第一步，随即还要经过实践的检验，从而通过学科专业教师和创新创业教师团队的反复打磨，最终方可实现专创融合的理论成果向实践成果的科学转化。在此过程中，众创空间要将专业教师纳入实践教育平台，让其全程参与到实践项目研发、创新创业时机选择、实践方案和流程的制定活动之中，确保学科专业实践活动与创新创业实践活动之间的紧密融合，由此确保"软件"条件在高校创新创业教育活动中形成合力作用。

二、各学科专业教师分别扮演创新创业教育"引路者"和"学生"两个角色

从传统意义上讲，高校创新创业教育与学科专业教育是高校人才培养的两个部分，二者之间在通常状态下并无明显交集，而这也正是导致创新创业教育与学科专业教育之间存在明显割裂感的主要原因。但是伴随时代发展步伐的不断加快，创新创业型人才已经成为高校人才培养的主要方向，所以创新创业教育必须贯穿到大学生日常学习活动之中，让学科专业教育与创新创业教育高度融合成为一项基本要求，而这正是全面提升高校创新创业型人才培养质量的关键所在。在此期间，需要学科专业教师既要肩负起"引路人"的角色，又要担当"学生"的角色。

所谓的"引路者"是指学科专业教师要从创新创业角度向学生传递学科专业知识、技能、能力、素养的作用和价值，让学生在学习活动中可以深刻意识到学习理论知识和掌握理论基础，并且完善自身的学习能力和专业素养不仅仅是为了找到一份理想的工作，而是要运用所学的专业知识与技能，以及已经具备的专业能力和素养去创造一份极具发展潜力的事业，让学生认识到创新意识、创业精神、创新创业能力在推动国家、民族、社会又好又快发展，以及确保自身可持续发展的作用所在，进而让学科专业教师成为学生创新创业道路中真正的领路人。

所谓的"学生"是指在指导学生创新创业意识、思维、能力的过程中，依然要以谦虚和谨慎的态度不断进行自我完善。其中，要积极参与学校创业

团队所组织的创新创业指导能力培训活动，让自身能够具备有效指导学生进行创新创业项目的选择、创新创业时机的有效把握、创新创业方案和实施流程的有效构建，由此确保学生在接受学科专业教育活动之时依然能感受到创新创业教育强大的引导力伴随左右，让学科专业教学实践活动能成为高校大学生创新创业教育的理想载体。

三、创业团队领军人物积极参与学科教学活动

从高校众创空间的实质角度出发，是为高校大学生提供一个极为理想的创新创业载体，其中不仅包括大学生创新创业所必须的办公条件，更重要的是为大学生创新创业提供全方位的服务。针对后者而言，主要是指社会知名的创业团队会进驻高校，为高校大学生创新创业全过程提供更加专业的指导和服务。再从当今时代背景下高校创新创业教育发展角度出发，做到高校创新创业教育始终贯穿大学生日常学习活动全过程，就意味着众创空间的载体作用不仅要体现在创新创业教育活动之中，更要在高校学科专业教学活动中将其载体作用充分体现出来，而创业团队领军人物积极参与学科教学活动则是必然所在。其间，具体操作应包括两个方面。

（一）创业团队领军人物积极参与课程建设活动

课程建设作为高校学科专业发展的重中之重，是专业人才培养的重要载体，任何教育教学活动的开展都要在课程体系运行流程中完成。其中，制定课程目标、课程内容、课程计划、课程教学方法、课程评价是课程建设的主要工作内容。基于此，在确保高校创新创业教育有效融入学科专业教育的过程中，众创空间所辖的创业团队领军人物必须参与课程建设的全过程，针对课程目标、课程内容、课程计划的制订与实施要提出具体方案，确保创新创业理论教学和实践教学能够有效融入学科专业教育日常活动中，同时在教学、管理、评价方面也要作为重要主体，由此确保课程教学目标、课程教学内容的优化、课程教学手段的选择、课程教学资源的丰富、课程教学评价的开展始终能够围绕创新创业视角来进行。

（二）创业团队领军人物作为学科专业教育科研工作的又一重要主体

从高校学科专业教育和创新创业教育又好又快发展的必然动力条件出发，科研工作的全面开展无疑是新动力所在，所以教育教学和教育科研工作

在高校人才培养工作中通常处于并行的状态。为此，高校创新创业教育始终保持又好又快的发展状态就必须做到与学科专业教育之间保持高度融合，在科研工作中的融合自然是关键中的关键，创业团队领军人物结合学科专业科研项目，将创新创业项目研发工作与之有效融合显然是有力推手，故而创业团队领军人物就必须作为学科专业教育科研工作的又一重要主体。

四、学科专业教育资源和创新创业项目资源的高度汇集

教育资源作为支持和服务学生进行高效学习的外部条件，其充分性必然会影响学生学习效率，同时也会关乎教育质量和水平。因此，在教育发展道路中，教育资源整合与开发是一项极为重要的工作，也是教育高质量发展的重要保障条件。针对于此，在高校创新创业教育高质量发展道路中，专业教育的深度融合既要体现在教育教学活动和教育教学科研活动之中，更要展现在教育资源整合与优化活动之中，力求二者之间的融合能够为高校大学生创新创业意识、思维、能力全面发展提供强有力的支撑与服务条件。其间，众创空间的纽带作用显然更加重要。

众创空间无疑蕴藏着丰富的创新创业成功案例、创新创业项目研发成果、与国内和国际知名创业团队的合作关系，这些都是引导高校大学生成功创业的理想资源，在专业教育活动中，启发性学习资源、技术支持条件、环境支持条件是学生高校掌握专业知识和专业技能，快速培养专业能力和素养的理想支撑条件所在。专业教育与高校创新创业教育的深度融合就是上述教育资源之间的深度融合，从中让彼此之间能够相适应的教育资源充分保留，反之则要进行有效剔除，最后针对实际需要进行教育资源的开发。这一过程自然形成了高校创新创业教育资源的科学整合与优化，为高校大学生创新创业实践活动的全面开展提供重要的资源支持和服务。

但依然需要强调的是，通过众创空间进行学科专业教育资源和创新创业项目资源高度汇集过程中，资源整合与优化必须在明确的原则下进行。其中，统筹发展、优质发展、共享发展显然是基本原则所在，做到学科专业教育和创新创业教育发展"一盘棋"，确保资源整合与优化的最终结果在于高校创新创业人才培养过程和成果的高质量发展，最后还要做到教育资源本身能够始终保持高度共享，这样高校创新创业教育资源才能真正为支持和服务学生在专业领域培养创新意识、创新思维、创新能力所用。

综合本节所阐述的观点，可以看出新时代背景下的高校创新创业教育发展道路中，众创空间的建设与有效应用能够促进学科专业教师和创新创业教

师队伍之间形成合力，具体表现在教育教学工作参与的共同性、全程性、全方位性三个方面，由此为高校创新创业教育中形成良好运行机制进一步打下坚实基础。针对后者，在下节内容中会做出明确的观点阐述。

第四节　众创空间为高校创新创业教育开展提供良好运行机制

就高校众创空间构建与运行的主要目的而言，不仅仅是为高校打造出更多的校办企业，为高校大学生提供更多的就业机会，更重要的是为更多高校大学生深刻认识到什么是创新创业，在实践活动中应该从哪几方面建立完整的流程，进而确保创新创业项目能够带动更多的高校大学生成功就业。众创空间显然能够帮助高校创新创业教育有效解决这一困惑，能够助其在始终保持可持续发展状态的同时，还能推动其实现又好又快发展目标。

如图 4-3 所示，高校众创空间的全面建设与发展更加注重"内里"的不断完善。其中创新型企业孵化的过程需要不断进行最新政策的解读与分析，同时还要以时代的需求作为导向，最后形成跨学科发展的趋势。与此同时，还要针对其过程与结果进行科学评价，确保创新型企业孵化的成果更加趋于理想。针对于此，高校创新创业教育在有效运用众创空间的过程中，后者的作用体现往往不仅局限于为教育教学活动提供更多的"硬件"和"软件"条件，以及丰富的教育资源，更重要的是能够促进高校创新创业教育形成一个良好的运行机制，确保教育教学活动能够有效引领大学生创新意识、创业精神、创新创业能力的发展，而这也是本节内容中所阐述的主要观点。

政策保障机制的提供

政策评估机制的形成
政策执行机制的构建
政策协调机制的产生

跨学科平台运行机制的产生

打造双向聘任制度
攻克专创之间的壁垒
学科间的界限模糊化

政策协调机制的产生

明确创新创业教育发展目标
创新创业教育新时代色彩鲜明
实施过程与成果与时代需求吻合

建议一整套评价机制

P科学确立评价原则与标准
客观的评价方法和评价主体
系统化的评价指标体系

图 4-3　高校众创空间助其良好运行机制形成的基本表现

一、为高校创新创业教育提供政策保障机制

政策既是即将开启新时代的信号所在，同时也是全面推动新时代发展的重要服务力和支撑力，所以新时代高校创新创业教育的全面发展要以政策为有力依托，紧紧抓住政策所提供的大环境，打造出新时代高校创新创业教育理想载体，从而为培养高质量创新创业型人才不断注入续添动力。众创空间作为加快我国向创新型国家迈进步伐的重要推手，是全面推动创新创业领域飞速发展的一项关键性举措。为此，结合高校众创空间建设与发展的相关政策条件，针对我国高校创新创业教育发展的政策环境作出客观评价，并且在执行和协调方面做出有效的优化显然是高校创新创业教育实现又好又快目标的重要前提，进而也促进高校创新创业教育提供政策保障机制的全面形成，确保高校创新创业教育全过程的良好运行。

（一）高校创新创业教育发展政策评估机制

政策为高校创新创业教育起到重要的服务与支撑作用，关键在于必须要通过完善的评估机制，在客观的评估原则、评估标准、评估方法、评估主体、评价指标的作用之下方可体现，否则评价政策为高校创新创业教育提供的政策服务与支撑作用并不具备客观性，其准确性显然不能得到强有力的保证。全面建设与发展众创空间无疑是加快我国"双创"事业发展步伐的重要举措，我国各级政府正在不断完善其政策体系，其目的就是要加快和提高我国创新型企业孵化速度和成功率。为此，高校众创空间的全面建设与运用正是高度响应并深入落实"双创"号召的重要措施，所以立足"众创空间"建设与发展的角度针对相关政策作出系统性评估显然更有利于客观反映高校创新创业教育的政策保障和支持条件。

（二）高校创新创业教育发展政策执行机制

在客观认知高校创新创业教育发展政策环境的基础上，随之要将政策的执行情况进行深入而又可观的了解与分析。在这里，了解主要是针对政策执行的过程，分析则是针对政策执行结果产生的主要原因。了解的方法应该体现在有效进行专家访谈和问卷调查，分析的过程应该以系统分析、解析分析、纵向与横向比较、重点分析、因果分析并用为主要方法，确保高校创新创业教育政策执行情况能够得到更为客观的呈现，以此让政策优化与协调拥有极为有力的基础，而这也正是高校创新创业教育提供政策保障机制的重要组成部分。

（三）高校创新创业教育发展政策协调机制

通过客观评价和了解与分析当前高校创新创业教育政策环境和政策执行力度的同时，明确政策执行过程中效果进一步提升的空间所在，并以此为基础将政策执行过程中存在的矛盾加以有效化解，从而实现政策执行过程的有效协调，进而保证在高校创新创业教育政策体系完善性的同时，执行过程中的各个环节加以有效优化，力求政策环境为高校创新创业教育改革与发展的支持与服务作用始终处于最大化状态，全力推进新时代高校创新创业教育高质量发展。

二、促进高校创新创业教育需求导向机制的全面形成

高校创新创业教育的高质量发展，其实质就是为新时代中国特色社会主义事业全面发展所服务，所以创新创业教育始终要以时代需求为导向，由此方可确保高校人才培养始终能够满足新时代中国特色社会主义事业发展的需要，将我国建设成为新时代创新型社会主义强国。在此期间，充分认清新时代对高等教育人才的需求方向无疑至关重要，高校众创空间的有效运用必然会为之提供强大的推动力，进而形成高校创新创业教育需求导向机制。

（一）高校创新创业教育发展目标更加明确

高校创新创业教育改革与发展的目标始终以时代发展所提出的新要求为重要依托，与时代发展最终实现的状态为根本目标，因此为时代发展输送大批高质量人才。面对新时代为高等教育改革与发展所提出的新要求，创新创业型高质量人才培养显然成为高等教育改革与发展的主要任务，创新创业教育更要以此为要求颠覆固有的教育模式，构建出更为理想的教育载体方可满足新时代对高校人才培养所提出的新要求。在此期间，理想的教育载体是专属于高等院校的众创空间，根据众创空间所孵化的创新型企业来判断创新创业型人才培养的着力点，由此方可确保高等教育人才培养的质量不断提升。

（二）高校创新创业教育发展理念更加具有时代色彩

教育理念是指在教学活动中教学目标、教学原则、教学方法、教学过程以怎样的视角来开展，所以教学理念的先进性直接影响教育成果的产生，而这也正是教育改革与发展中将优化教育理念放在重要位置的原因所在。从当今时代对高等教育人才的需求出发，人才是否具备创新意识、创业精神、创

新创业能力成为评价人才培养质量的侧重点，所以促进高校大学生上述意识、精神、能力的全面形成就成为高校创新创业教育的主要目标和任务。其间，高校众创空间的有效运用正是以学生上述意识、精神、能力的全面发展为中心，让高校大学生更好地应对新时代所呈现出的社会发展大环境，助力高校创新创业教育发展理念更加具有时代色彩。

（三）高校创新创业教育实施过程和成果与时代人才需求方向保持高度吻合

教育过程和成果转化是否成功，直接体现教育的整体质量，而整体质量的呈现无疑能够客观说明与时代人才的需求方向是否高度吻合，因此在高校创新创业教育活动的全面落实过程中，必须注重教育教学工作的细节始终保持与人才需求方向高度一致，并且做到人才培养过程的成果转化高度充分，进而才能彰显高校创新创业教育改革所取得的成就和未来发展的可持续性。高校众创空间的有效运用在理论教学和实践教学成果转化上作用非常明显，无论是在学生专业知识、技能、能力、素养的培育上，还是在学生创新意识、创业精神、创新能力的发展上，都能为之提供强大的指导力，这确保了人才培养过程和成果与时代人才需求方向保持高度吻合。

三、助力高校创新创业教育建立跨学科平台运行机制

跨学科发展作为新时代高校学科发展的必经之路，高校创新创业固然如此。但不可否认的是，创新创业教育实现跨学科发展必须要有强大的教育载体作为前提条件，高校众创空间无疑是最为理想的选择。立足这一观点，下文将通过层层递进的方式对其作出明确的阐述，以此说明高校众创空间助力高校创新创业教育建立跨学科平台运行机制。

（一）助力高校创新创业教育双向聘任制度的建立

由于师资水平决定了教育的整体质量，并且也直接关乎教育发展的空间，因此在教育深化改革与发展的道路中，不断强化师资水平永远是避不开的话题，新时代背景下的高校创新创业教育改革与发展更是如此。面对新时代对高等教育人才培养所提出的新要求，高校大学生创新意识、创业精神、创新创业能力的发展必须以所学专业为重要依托，由此全面推动行业的又好又快发展。为此，极具专业化的师资队伍建设就成为高校创新创业教育发展的重中之重。对此，高校众创空间的建设与运用不仅全面提升了高校创新创

业教育师资队伍的专业化水平，同时也能确保在校创新创业教育工作者成为众创空间的一员，而众创空间的创业团队也成为学校创新创业教育教师队伍的重要组成部分，从而成就高校创新创业教育双向聘任制度的产生。

（二）全力攻克学科专业教育与创新创业教育之间的壁垒

就以往高校创新创业教育工作落实的基本特征来看，在教育目标、教育内容、教育方法、教育评价等方面与学科专业教育之间并没有明显的联系，因此也导致了学科专业教育与创新创业教育之间存在明显的割裂感。随着实践的推移，高校深刻意识到创新创业教育实现又好又快发展目标必须与学科专业教育之间形成紧密的联系，故而在上述四方面进行融合，但由于缺少较为理想的契机，两者之间存在明显的壁垒。高校众创空间的构建与有效应用为其融合提供了理想教育载体，其载体作用帮助了学科专业教育与创新创业教育攻克融合过程中存在的壁垒，让"专创融合"在新时代高校创新创业教育中成为现实。

（三）创新创业教育内容实现学科间的界限模糊化

"专创融合"道路是学科专业教育与创新创业教育之间的具体融合，但高校所设学科和专业众多，每一学科和专业与创新创业教育的融合过程往往都会存在共性特征，紧紧抓住这些共性特征，将其他学科教育内容有效融入进来，进而形成创新创业教育内容的无限拓展，这能够确保各学科之间的界限逐渐模糊化，最终成就创新创业教育跨学科发展新局面。在此期间，众创空间的载体作用自然功不可没。

四、推动高校创新创业教育形成理想的评价机制

教育质量的高低需要经过系统性的评价工作才能客观反映出来，高校创新创业教育自然也不例外。纵观新时代中国特色社会主义现代化强国建设的时代大背景，高校创新创业教育高质量发展首当其冲，高质量必须要有科学的评价体系作为重要保证，如何才能确保质量评价的过程与结果始终具有高度的科学性与系统性，关键在于评价的视角和主体是否高度科学与完善，以培养创新创业型高质量人才为主要视角，将众创空间作为高校创新创业教育质量评价的主体必然会确保评价机制得到科学构建，最终形成一套适合时代发展需要的高校创新创业教育质量评价体系。接下来就立足三方面加以说明。

（一）评价原则与评价标准更加明确

高校创新创业教育质量的全面提升需要多个因素协同作用，专业性是理论教学和实践教育活动必须达到的基本要求，全面性和系统性则是重要保证。为此，在评价高校创新创业教育质量的过程中，必须做到动中有静、由面到点、由表及里，众创空间有效参与高校创新创业教育评价活动，必然会确保评价原则和评价标准更加趋于理想化。其中，前者主要体现在动态与静态发展评价同时进行、评价指标构建的具体性和整体性相结合、学校评价的主体性和创业导师团队评价共同开展三方面，后者主要体现于促进学生专业知识、专业能力、专业素养、创新意识、创业精神、创新创业能力的协同发展，真正让当代高校大学生成为全面发展的人。

（二）评价方法和评价主体更为客观

由于评价方法是否科学和评价主体是否完善直接决定计量评价结果的客观性和准确性，所以在高校创新创业教育质量评价工作中，必须将评价方法和评价主体的科学选择放在重要位置。随着新时代的到来，高校创新创业教育正面临前所未有的机遇和挑战，全要素评价和多主体评价固然成为高校创新创业教育评价工作的重中之重，高校众创空间的有效运用显然能够颠覆以往质量评价的方法和主体，其中能力发展成熟度评价模型必然会进入到评价体系之中，评价结果的客观性与准确性也随之能够得到充分保证，助力高校创新创业教育的高质量发展。

（三）评价指标体系更为完善

评价指标是评价内容的总称，评价指标是否系统和完善直接会影响评价结果的客观性和综合性，所以上乘的质量评价工作往往必须配备系统和完善的评价指标体系。面对当今时代对高校创新创业教育改革与发展所提出的新要求，评价指标体系不仅要包括学校组织与开展理论教学活动的过程与成果，还要包括专业化的指导过程与成果，因此高校众创空间的有效运用显然能促进质量评价指标体系的高度完善，进而为高校创新创业教育更好地应对未来发展趋势，为全面建设新时代中国特色社会主义现代化强国培养高质量人才，有效改进人才培养方案提供有力依据。

综合本章内容所述，不难发现在高校创新创业教育发展道路中，众创空间的构建与应用在极大程度上能够为实现专创融合提供诸多便利条件，更能为之提供丰富的教育资源。其间，主要包括技术层面、"硬件"层面和"软件"层面，这些便利条件和丰富的教育资源具有高度的专业性、充分性、完善性，能够满足当今时代大背景与大环境对高校创新创业教育发展所提出的具体要求，更是不乏较为成功的案例。为此，在下一章节的内容中，主要立足成功案例的具体表现进行深入解读，希望能够为广大学者及高校创新创业教育工作者带来一定的启发，并从中加以借鉴。

第五章 众创空间促进高校创新创业教育发展典型案例

众创空间建设与发展在高校创新创业教育发展道路中已经成为事实存在，并且在高校创新创业型人才培养中发挥的作用也已经得到了充分体现，不仅是对高校创新创业发展的一种颠覆，更是对高校创新创业型人才培养模式的一种颠覆。本章各节将对众创空间推动高校创新创业教育发展所取得的成果加以具体说明。

第一节 政策环境实现了伴随时代发展步伐的不断深化

我国高校创新创业教育经历了二十多年的发展，每个发展阶段都有标志性的产物出现，每个产物之间都存在紧密的联系，同时又具有承上启下的作用，"众创空间"在我国高校创新创业教育发展中也是一样。对此，探究众创空间在我国高校创新创业教育发展中的推动作用就要先了解其发展历程，政策的深化无疑是最为有力的说明。本节将围绕政策环境的变化说明众创空间推动高校创新创业教育发展的普遍性，而这也是典型案例深入分析的重要基础所在。

一、高校创新创业教育提出阶段的政策环境分析

我国高校创新创业教育的发展无疑经历了从无到有的过程，该过程不仅是对我国高等教育发展起到了至关重要的推动作用，更具有划时代的意义。其中，高校创新创业教育提出阶段显然是从无到有最真实的写照，其中每一项政策部署显然都体现出战略层面上的作用。对此，在探究众创空间推动我国高校创新创业教育发展的过程中，必须深刻回忆高校创新创业教育提出阶段所经历的过程（即高校创新创业教育从哪里来，最终又要到哪里去），明

确当时的政策环境究竟发挥了怎样的作用，从中感知众创空间推动我国高校创新创业教育发展的初衷究竟是什么，诠释出高校创新创业教育发展的政策环境伴随时代发展步伐不断深化这一特征的同时，指明众创空间推动我国高校创新创业教育发展必须始终不忘初心，进而才能完成新时代赋予高校创新创业教育发展的新使命。对此，就立足高校创新创业教育提出阶段国家给予的政策支持进行概括，并在下文中针对其相关政策作出具体解读。

表 5-1　高校创新创业教育提出阶段国家给予的政策支持

序号	政策名称	发布时间	核心内容	发布机关
1	《面向 21 世纪教育振兴行动计划》	1999 年	创业教育第一次被纳入高等教育之中，并成为高等教育改革的一项重要内容	教育部
2	《创业教育试点工作座谈会纪要》	2002 年	明确创业教育的重要性，并且在全国范围内设置了 9 个试点高校	教育部
3	《关于做好 2010 年普通高等学校毕业生就业工作的通知》	2009 年	明确指出高等院校创业教育积极探索与专业教育相融合之路，"专创融合"思想初步形成	教育部
4	《关于加强普通高等学校毕业生就业工作的通知》	2009 年	积极鼓励高等院校积极投身于创业教育改革与发展中去	教育部
5	《关于大力推进高等学校创新创业教育和大学生自主创业工作的意见》	2010 年	针对创业教育进行了明细，并且为高校创业教育发展的细节进行了具体指导	教育部

　　如表 5-1 所示，归纳的相关国家政策不难看出，我国高校创新创业教育始于 20 世纪末，在提出阶段其重点并未体现在"创新"二字之上，强调创业教育在高等教育改革中的重要性，并提出了一系列相关政策。进入 21 世纪，我国进一步强化高校创业教育，同时在高校中建立了试点，其目的就是要带动高校大学生自主创业，特别是在中国加入世界贸易组织之后，强调通过大学生自主创业拓宽我国经济发展空间，同时在一定程度上达到缓解我国就业压力的目的。在随后的几年中，我国高校创业教育改革一直在落实《创业教育试点工作座谈会纪要》等相关政策，实现创业教育的普遍化，并且取得了诸多显而易见的成绩。

　　直至 2009 年，国家在高校创业教育改革方面提出了一项重点要求，强调创业教育要与高校专业教育相融合，这无疑在我国创新创业教育发展道路中具有里程碑的意义，不仅促进学生在本专业领域实现专业知识与技能的创新应用，同时还能促进我国各专业学科更好地推进经济发展，并且在同年还发布了一条加强普通高校毕业生就业工作的政策，以求高校更好地通过创业教育促进学生的社会就业，为我国有效减轻高校毕业生就业压力提供了极为有利的条件。这些显然都为我国创新创业教育发展奠定了坚实基础，在2010年针对高校大力推进创新创业教育的相关政策提出，并且高度明确了什么是"创新创业"，明确指出所包括的具体细节，并且进行了有针对性的指导，这也开启了我国高校创新创业教育发展的新征程，我国高校创新创业教育的雏形也就此产生。

二、高校创新创业教育"创客空间"发展的政策环境

"创客空间"作为高校创新创业教育发展道路中的一个重要阶梯，是我国高校创新创业教育由雏形向现代化迈进的一个重要标志，更是"众创空间"在高校创新创业教育发展道路中正式产生的重要基础。在此期间，国务院和教育部纷纷出台了一系列相关政策，目的就是要一步步推进我国高校创新创业教育迈向"创客空间"的发展新阶段，不仅要让高校创新创业教育改革的实质性和效果实现最大化，同时还能通过大学生创新创业促进其就业，最终实现高校创新创业教育全面助力我国经济，实现高质量发展。针对于此，对高校创新创业教育"创客空间"发展阶段国家给予的政策支持进行有效归纳（见表5-2），从而表明当时的政策环境，并且让高校创新创业教育发展的客观规律明确呈现出来。

表5-2　高校创新创业教育"创客空间"发展阶段国家给予的政策支持

序号	政策名称	发布时间	核心内容	发布机关
1	《进一步做好新形势下就业创业工作的意见》	2015年	紧紧围绕大众创业、万众创新号召，以大学生创业带动就业，高质量落实就业优先战略	国务院
2	《深化高等学校创新创业教育改革的实施意见》	2015年	指出深化创新创业教育改革是我国经济提质增效的重要举措，也是我国高校创新创业型人才培养的重要战略部署，明确创新创业教育与主业教育相融合	国务院办公厅

序号	政策名称	发布时间	核心内容	发布机关
3	《做好 2016 届全国普通高等学校毕业生就业创业工作的通知》	2015 年	强化创新创业教育稳步发展，并指导高校大学生做好自主创业，为高校大学生自主创业提供强有力的优惠政策和服务	教育部
4	《促进创业投资持续健康发展的若干意见》	2016 年	明确高校创新创业教育"技术、资本、人才、管理等创新要素相结合"的投融资方式，实现大众创业、万众创新拥有极为充足的资本力量	国务院
5	《建设第二批大众创业万众创新示范基地的实施意见》	2017 年	要求高校要打造出创业生态，建设创新创业平台，厚植创新创业文化，最终形成一批创新创业高地，同时打造出一批具有特色的创新创业品牌	国务院办公厅

如表 5-2 所示的相关政策，可以看出我国创新创业教育"井喷式"发展的起始点在 2015 年。在这一年中，我国针对高校创新创业教育提出了一系列的相关政策，强调高度响应"大众创业、万众创新"的号召，让创新创业成为增加高校大学生就业机会的重要突破口，同时明确创新型人才培养是全面加快我国经济发展进程的一项重要举措。与此同时，针对高校有效指导大学生进行创新创业提出了具体要求，并且在工作落实过程中指明了具体方向，这不仅推动了我国高校创新创业教育质量的全面提升，更为我国创新创业型人才培养提供了重要的政策保障。

随着时间的推移，2016 年国务院明确指出了高校创新创业教育发展必须要在技术层面、资本层面、人才层面、管理层面加大投入力度，确保技术创新、资本创新、人才创新、管理创新成为高校创新创业教育发展的新方向，进而让高校创新创业教育水平得到"质"的飞跃，创新创业型人才培养的质量也由此得到了政策层面的保证。这些政策显然都是我国高校创新创业教育步入"创客空间"发展新阶段的重要前提，2017 年国务院办公厅强调高校创新创业教育要注重打造创业生态，建立创新创业平台，让创新创业文化真正融入高校创新创业教育之中，进而形成具有特色的创新创业品牌，至此出台的《建设第二批大众创业万众创新示范基地的实施意见》助力高校创新创业教育"创客空间"的形成与全面发展，并为高校创新创业教育"众创空间"发展夯实了基础。

三、高校创新创业教育"创新工场"发展的政策环境分析

"创新工场"作为"创客空间"的进一步深化，是加快我国产业创新发展步伐的关键一环，所以也是我国高校创新创业发展道路中所必须经历的发展阶段，推动了高校创新创业教育理论与实践的高度结合，为把我国建设成为新时代中国特色社会主义创新型国家提供了强有力的教育支撑作用。针对高校创新创业教育"创新工场"的建设与发展而言，我国各级政府无疑为之提供了强有力的政策支持，为之营造出了理想的政策环境，不仅高质量的服务于高校创新创业教育"创新工场"发展，更体现出了强大的政策保障作用。为此，将具有代表性的相关政策进行归纳（见表5-3），并且在下文中将其进行解读。

表 5-3 高校创新创业教育"创新工场"发展国家给予的政策支持

序号	政策名称	发布时间	核心内容	发布机关
1	《关于支持新产业新业态发展促进大众创业万众创新用地的意见》	2015 年	确立优先安排新产业用地原则的同时，鼓励盘活利用现有用地，进而达到引导新产业聚集发展的目的	国土资源部、国家发改委、科技部、工业和信息化部等部委联合印发
2	《关于进一步推进创新驱动发展的七条措施》	2018 年	加大对创新绩效的正向激励、着力引进重大研发机构、加大行业领军企业研发扶持力度、推动新一代人工智能加快发展、提升科技金融服务水平	福建省人民政府
3	《关于支持长三角生态绿色一体化发展示范区高质量发展的若干政策措施》	2020 年	支持政策 22 条	上海市人民政府、江苏省人民政府、浙江省人民政府
4	《关于在长三角生态绿色一体化发展示范区深化落实金融支持政策推进先行先试的若干举措》	2020 年	金融 16 条	上海市人民政府、江苏省人民政府、浙江省人民政府

如表 5-3 所示,"创新工场"是"创客空间"的衍生品,是以互联网、移动网络、云计算技术为支撑的投资平台,是实现人们创业梦想的新空间,更是全面加快新时代中国特色社会主义现代化强国建设之路的重要载体,我国高校创新创业教育发展道路中,也经历了"创新工场"发展阶段,并且国家也有针对性地为之提供了政策扶持。

其间,政策最早出现在 2015 年,直至当前依然有相关政策为之提供强有力的保障条件。早在 2015 年,国土资源部等部委就明确指出,为全社会提供新产业用地,加快新产业、新业态、新发展的步伐,进而为高校创新创业教育"创新工场"发展提供土地使用政策方面的支撑条件。2018 年,福建省出台了关于加快该地区创新驱动的相关政策,强调福建省经济发展道路中要以研发机构、领军企业研发部门、人工智能企业发展为侧重方向,为之提供强有力的激励措施,力求福建省能够在科技金融领域实现领跑。在此期间,高校创新创业教育发展作为全面加快福建省科技金融发展步伐的重要推动力,所以该项政策在高校创新创业"创新工场"建设所具有的政策性支撑作用自是不言而喻。2020 年,上海市、江苏省、浙江省有针对长三角地区生态绿色产业发展提供了一系列政策支持,强调以生态绿色产业为主导实现产业创新发展,进而也为该地区高校创新创业教育"创新工场"建设提供了强有力的政策支撑条件,更为高校创新创业教育发展指明了方向。同年,该地区又为绿色生态产业为主导的创新兴产业发展提供了强有力的金融政策支持,而高校创新创业教育"创新工场"建设无疑也是这一政策出台的受益者之一,让其发展之路能够拥有强有力的金融支持条件。

四、高校创新创业教育"众创空间"发展的政策环境分析

"众创空间"作为高校创新创业教育发展的时代性产物,其积淀来自于我国高校创业教育、创客空间、创新工场发展与建设的成果,是我国全面加快新时代中国特色社会主义现代化强国步伐的一项重要教育举措。该项举措的产生并非一蹴而就,其间我国各级政府为之提供了强有力的政策性扶持与保障,进而为高校创新创业教育"众创空间"发展营造出了极为理想的政策环境。为此,针对具有代表性的政策进行归纳(见表 5-4),并且在下文中作出详细的解读,以此来进一步说明高校创新创业教育政策环境伴随时代发展步伐实现不断深化,阐明"众创空间"建设在高校创新创业教育发展中的必然性。

表 5-4　高校创新创业教育"众创空间"发展国家给予的政策支持

序号	政策名称	发布时间	核心内容	发布机关
1	《发展众创空间工作指引》	2015 年	顺应新一轮科技革命和产业变革新趋势、有效满足网络时代大众创新创业需求的新型创业服务平台。众创空间作为针对早期创业的重要服务载体，为创业者提供低成本的工作空间、网络空间、社交空间和资源共享空间，与科技企业孵化器、加速器、产业园区等共同组成创业孵化链条。众创空间的主要功能是通过创新与创业相结合、线上与线下相结合、孵化与投资相结合，以专业化服务推动创业者应用新技术、开发新产品、开拓新市场、培育新业态	科技部
2	《深圳市科技企业孵化器和众创空间管理办法》	2020 年	注重差异化定位，通过对孵化器、众创空间在服务对象、服务内容、服务成效以及财政资金资助强度等方面进行差异化的政策细化，引导两类项目实行互补式定位和发展，形成全过程、全要素、差异化服务的创业孵化链条。注重动态管理，新增孵化器和众创空间运营评价资助与国家、省认定或备案奖励，支持孵化器、众创空间可持续发展，并鼓励孵化器、众创空间积极争取国家级、省级荣誉	深圳市罗湖区科技创新局
3	《杭州市众创空间管理办法》	2021 年	创客企业（项目）的条件保持与国家和省要求基本一致，取消实到注册资本不超过 300 万元的限制；延长创客企业（项目）培育时间，由一般不超过 18 个月调整为 24 个月，新增"飞地"众创空间建设。在扶持政策上，突出绩效导向，将运营资助改为对优秀和良好众创空间的扶持并限定总额。调整创业品牌活动资助方式，取消创客企业投融资奖励	杭州市科学技术局和杭州市财政局

序号	政策名称	发布时间	核心内容	发布机关
4	《长沙市打造具有核心竞争力的科技创新高地三年行动方案（2021—2023年）》	2021年	支持科技创新平台建设，长沙市将对国家实验室、大科学装置采取"一事一议"的原则并且给予经费支持，新获批的国家技术创新中心按照实际情况给予最高1亿元的经费	长沙市人民政府
5	《福建省科技企业孵化器和众创空间管理办法》	2022年	对省级孵化器的认定上，增加"已申请知识产权的企业的比例""拥有有效知识产权在孵企业的比例"等指标，确保了我省指标数据与国家的一致性，从而提升省级孵化器和众创空间的培育质量，有利于争创国家级双创平台	福建省科学技术厅

如表 5-4 所示，我国高校创新创业教育发展道路中，"众创空间"建设工作在 2015 年就已经提上日程，科技部印发的《发展众创空间工作指引》就是加快我国高校创新创业教育"众创空间"建设步伐。然而，只是在当时高校创新创业教育发展的实际情况并不十分成熟，在经过之后几年的发展，让"众创空间"与高校创新创业教育形成了紧密融合，并且成为后者发展的核心动力。当历史的车轮转动到 2019 年，党的十九大向全世界传递了一条重要信息，即中国全面开启新时代中国特色社会主义现代化强国建设新征程，将新时代的中国建设成为创新型社会主义现代化国家，高校创新创业教育也由此迈入到新的发展阶段，打造"众创空间"也成为高校创新创业教育发展的主要任务。之后，分别在 2020 年、2021 年、2022 年各省市纷纷给予诸多重要的政策支持。其中，具有代表性的政策主要出自广东、浙江、湖南、福建四个省份。

就广东省而言，强调高校要以搭建"众创空间"为高校创新创业教育提供创新型企业的孵化器，让高校创新创业教育不再是单纯重理论轻实践，力求创新创业型人才培养能够贯穿高校人才培养的全过程，实现创新创业型人才培养的基本要素保持高度全面。就浙江省而言，主要将"创客"的门槛进一步降低，这一重大调整不仅体现在注册资金方面，更体现在培育时间上，确保为高校创新创业教育提供一个极为良好的"众创空间"氛围。就湖南省而言，主要针对高校创新创业教育加大技术、资金、科研人员方面的政策扶持力度，力求高校创新创业教育"众创空间"建设拥有强大的人力、物力、财力作为保证。就福建省而言，强调对高校创新创业教育"众创空间"知识产权保护，确保创新创业教育成果始终为高校创新创业型人才高质量培养所服务。

综合上述相关政策可以看出，我国高校创新创业教育发展道路已经实现了质的飞跃，历经 20 多年的发展已经取得了辉煌的成就，"众创空间"的全面建设显然成为提质增效的重要保障，而这也充分说明高校创新创业教育已经成为新时代中国特色社会主义现代化强国建设之路的基石所在，更说明"众创空间"在新时代高校创新创业教育发展道路的作用和价值不可替代。

第二节　清华大学 i.Center

清华大学 i.Center 作为高校创新创业教育众创空间模式的引领者，率先制定了众创空间模式构建方案，为全面提升高校创新创业教育质量，全面高校创新创业型人才培养较为理想的方案。针对于此，本节内容从历史发展的角度将清华大学 i.Center 进行全面介绍，并且针对其构建理念和探索方向进行深入解读，从而充分说明该众创空间模式的代表性。

一、清华大学 i.Center 介绍

从国际发展角度出发，高校创新创业人才培养始于 20 世纪 90 年代的美国，随即英国、德国、日本等国家相继在创新创业教育体系构建上逐渐走向成熟，并且表现出较为明显的特征。清华大学作为中国高校创新创业教育的"引领者"，无论是在课程建设方面，还是在师资队伍建设等方面都走在全国前列，并于 2014 年将基础工业训练中心升级成为 i.Center，"软件"条件和"硬件"条件极为充足，以供创客们使用。随着时间的推移，清华大学 i.Center 还有望向社会开放，让全国优秀创客能够汇聚清华大学。该众创空间建设与发展经历了如下 4 个发展阶段。

（一）学生科技赛事和科技赛事的全面开放

在 2009 年，i.Center 着手打造机电工程创新实验室，并在该年成功将其建成，并且开始面向学生组织开展科技活动和科技赛事。除此之外，i.Center 还致力于让学生社团中的"创新社"进入 i.Center，并且经过几年的发展，已经培育出创业公司。在 2012 年，学校团委所下辖的创业训练中心进驻

i.Center，不仅扩大了众创空间平台，更为丰富创新创业成果提供强有力的推动作用。

（二）课程建设实现颠覆性的改变

时间进入 2013 年，创客活动逐渐成为清华 i.Center 课程体系的重要组成部分，提倡课程要朝"跨学科"的方向发展，并设置了跨学科系统集成设计挑战课程。其间，在学生组建自己创新创业团队之后，要根据各创新创业项目主题自行构建研究方案、进行产业调研、开展产品设计、进行广告宣传，最终将其项目研究成果呈现在众人面前。该课程模式的构建与运行显然在一定程度上让学生切实感受到创新创业项目从无到有的全过程，让测量工具的使用方法、专利管理模式、市场交易模式、法律模式都能充分接触到。正是在该年，该课程也成为钱学森力学班的必修课程。

另外，在这一年中，清华大学社团活动中开始涵盖"创客空间"活动范围，并且在当年就已经有 300 多名学生注册成为会员，并在实践与研究过程中不断进行深化，最终构建出以创客为代表的创新实践和教育模式。此后，清华大学 i.Center 开启驻校创客项目，截至 2013 年末就已经有十余名国内外顶级创客入驻清华大学，并且在创新创业项目研发方面成果显著。

（三）创客团队的蓬勃发展

2014 年注定是清华大学创新创业教育发展不平凡的一年，众创空间的建设在这一年效果极为明显，具体表现就是创客团队的数量明显增加，为众创空间的全面形成奠定了坚实基础。在这一年中，不仅启动了多项创客大赛，同时还组织在校专业教师深入国际知名高校，深入考察其创新实验室的建设情况和创客空间的构建成果，从而为本校创客空间的构建原则、运行机制、课程体系构建、物理空间建设提供了丰富的经验支撑。

另外，学校注重组织创新创业论坛活动，不仅倡导国内高校之间针对创新创业教育发展相互交换成功经验，同时还将重点放在成立创客空间发展专项基金，完成一系列签约活动的同时，为众创空间建设提供强有力的资金保证。

（四）众创空间的构建成为现实

随着时间的推移，清华大学 i.Center 组织在校教师深入我国华南地区沿海城市，与当地高校进行深入交流，就其创新创业教育的发展进行全方位了解，明确创新创业教育模式发展的最新动态，并在这一年与全国 60 余所高校和 10 余家知名企业共同成立创客教育基地联盟，形成高校创新创业教育新的生态系统。

在最近几年，清华大学 i.Center 立足创客空间全面发展的基础上，立足研发机构、领军企业研发部门、人工智能企业"三位一体"，打造出"创新工场"模式，确保高校创新创业教育上升到新的层次。最终，再进一步加大技术、资金、科研人员方面的投入力度，形成独具一格的"众创空间"模式，引领新时代高校创新创业教育的发展。

二、清华大学 i.Center 建设理念

i.Center 作为清华大学创新创业教育独有的众创空间模式，该模式构建的理念极为明确，教师要为学生提供极为理想的制造加工场所，让学生真正感受创业项目从无到有的全过程，从而在激发学生创业热情的同时，培养学生创新意识、创业精神、创新创业能力，让学生用所学习的专业知识、掌握的专业技能、具备的专业能力在专业领域开创出一片新的田地。为此，立足清华大学 i.Center 建设理念作出明确概述，具体如下。

（一）硬件设施的不断完善

由于在众创空间建设道路中，"硬件"设施无疑是最为基本的前提条件，是一切创新创业活动全面开展的重要保障，所以学校不断加大在各类创新创业实践活动的场地、设施、器材、设备方面的投入力度，尽可能让学生在开展创新创业项目探索之时，可以了解、掌握、应用高水平制造技术，并且为其新产品的研发提供极为理想的空间。就当前而言，学校已经引进数控加工设备、3D 打印设备、激光加工设备，以及一系列新产品、新技术、新材料、新工艺研发场地和器材，为学生设计、研发、生产新产品奠定了坚实基础，同时更为学生团队不断深入研究新产品和新服务提供最为便利的条件。

（二）创新资源的高度整合

在 i.Center 建设过程中，创新资源是否达到高度完善的状态直接影响高校大学生创新精神、创业意识、创新创业能力培养的最终效果，因此学校在打造众创空间模式的过程中，更加强调创新资源的高度整合，既要结合固有创新创业教育资源的作用和属性，将其进行结构性的调整与优化，还要结合新时代创新创业型人才培养的所提出的具体新要求，将其创新资源进行全面

补充，以此确保 i.Center 深度激发学生创新精神和创业意识的同时，为学生创新创业能力的全面培养提供强有力的"软件条件"。在此期间，学校不仅将美术学院作为 i.Center 模式建设的合作对象，同时也把工业工程系、校团委等院系作为合作对象，进而打造出众创交叉融合空间，进而构建网络化实践资源支撑平台，以此确保团队组建、设计思考、原型制作、产业资源对接的全过程更好地融入众创空间实践活动之中。

（三）将众创空间文化融入 i.Center 应用全过程

众创空间其实质就是一种具有高度创新性的孵化器，更加突出"人"的主体性，"创"的内容性，"空间"的载体性，是全面打造创新型产业的理想平台，能够强有力的推动中国经济与社会的发展。对此，清华大学在建设 i.Center 过程中，更加强调众创空间文化的深度融合，并且要求该文化的渗透要体现在 i.Center 应用全过程中，让学生能够深刻感知众创空间对自身、社会、民族、国家发展所具有的作用、意义、价值，由此让学生发自内心的产生创业热情，更加主动地培养自己的创新精神和创新创业能力，实现创新创业项目从原型设计到新品和服务呈现都能以自主的状态完成，最终实现自身朝向创新创业型人才发展的目标。

三、清华大学 i.Center 建设的探索方向

清华大学 i.Center 建设取得的成功虽然有目共睹，但依然需要伴随时代的发展不断进行深入的研究与探索，在实践中不断加以优化与改进，由此方可确保学校创新创业型人才培养质量的不断提升，满足当今乃至未来社会关于创新型国家建设与发展的切实需求。接下来将对清华大学 i.Center 建设的探索方向作出明确阐述，具体如下。

（一）课程和活动的具体化

就当前清华大学 i.Center 模式下的众创空间教育活动的开展而言，必须要有系统的引导课程作为重要支撑，课程体系不仅要体现出多层次特征，更要充分彰显出课程本身立体化和全方位特点，力求课程设置与学生专业课程之间能够形成有机融合，让创新创业教育活动能够与学生专业教学实践之间形成无缝衔接，进而将学生打造成为创新创业型人才。在这里，课程本身必须要体现综合性强、跨学科明显、挑战性突出的特点，由此保证学生创新精神、创业意识、创新创业能力培养的效果更为突出。

其间，课程设置不仅包括短期而又密集的跨学科引导课，同时还要包括知识内容深入挖掘的实验探究课和针对个人生涯发展的战略规划课，以及以产品为中轴的系统设计开发课。在相关教育活动方面，既要包括众创空间讲座活动，又要包括创新工场和团队研发项目的经验分享或实践指导活动，以此保证学生有更多的机会汲取创意来源，全面增强学生创新创业能力。

（二）实体空间和在线平台的相互结合

在众创空间活动开展的过程中，实体空间无疑是学生切实感受创新创业全流程最直接的途径，在上述课程设置中已经明确阐述，让学生创业意识、创新精神、创新创业能力培养能够更为真实的氛围，并且也会获得最为直接的指导机会。但是，随着当今时代信息化、数字化、智能化水平不断提升，自然也为教育的便捷化提供强有力的技术支撑。对此，清华大学 i.Center 建设道路中，不仅强调实体空间的全面建设，更强调在线平台与之的高度协同，力求学生、教师、众创团队之间能够形成跨时空互联，进而增加彼此沟通、交流、合作的便捷性。

在此期间，学校既要借助互联网平台打造文化与交流区，同时还要借助物联网、撒数据、云计算等技术为学生构建众创空间智慧环境，让众创课程在线平台、众创团队项目管理平台、众创活动管理平台成为 i.Center 的重要组成部分，确保大学生在创新创业的思想层面、精神层面、能力层面能够得到最大程度提升。

（三）众创空间教学活动运行机制的高度完善

清华大学 i.Center 在高校创新创业教育中，作为众创空间模式的一种，具有较强的代表性，在当前应用过程中，不仅运行状态良好，同时在高校大学生创新精神、创业意识、创新创业能力培养方面效果较为理想。而始终保持这一良好运行状态和效果的根本条件就是拥有一套与之高度适合的运行机制。具体而言，在 i.Center 运行过程中，始终以开放运行和统一管理相结合作为基本原则，力保"交叉""实现""分享"在教学活动中充分体现，让"生本主义"思想在该众创空间运行过程充分展现的同时，确保管理的规范化和人性化相结合，极尽可能地满足学生创新创业实践活动各种需求。

在此过程中，学校不仅积极引进国内外知名创新创业团队入驻学校，同时还成立了跨学科课程协调团队，让学生在探寻创新创业项目和开展创新创业项目研发活动过程中，始终能够拥有极为理想的资源和指导。另外，学校还积极引进和培养技术型人才，力保学生的相对安全的环境下开展创新创业的研发活动，助力学生更加乐于创新与制造。

综合清华大学 i.Center 建设所取得的成果以及未来探索的方向，可以看出该众创空间模式能够以学生作为主体，强调学生创新创业实践活动的深层次开展的重要性，为学生有效开展创新创业实践活动提供较为理想的载体，让学生的创新精神、创业意识、创新创业能力全面发展拥有较为理想的空间，更在全面提升我国高校创新创业型人才培养质量道路中发挥着引领作用。

第三节　华南理工大学创新创业孵化基地

华南理工大学作为我国华南地区重要的高质量人才培养基地，面对当今创新型国家建设与发展所提出的新要求，学校人才培养的总体目标已经作出战略层面的转变，将"三创型"人才作为培养目标，更加强调全面提升创新创业教育质量，进而打造出创新创业孵化基地这一众创空间模式，已经为我国输送大批"创新、创造、创业"型人才，因此在众创空间模式中具有较为突出的代表性。对此，在本节内容中，就对华南理工大学创新创业孵化基地的总体概况、运行机制、人才培养效果作出明确阐述，以此为众创空间更好地推动高校创新创业教育发展提供最客观的依据，具体如下。

一、华南理工大学创新创业孵化基地概况介绍

华南理工大学不仅作为我国重要的"211"工程高校和"985"工程高校，同时也是我国"三创型"人才培养高校，创新创业孵化基地已经成为极具代表性的高校众创空间模式，正在为全面加快我国新时代创新型家国建设源源不断输送高质量人才。为此，接下来就针对华南理工大学创新创业孵化基地概况加以具体介绍。

（一）全面建成"创新创业典型经验高校"

学校在全面加快创新创业教育发展脚步的过程中，始终以"育人为本，提高质量""坚持问题导向，补齐工作短板""协同推进，汇聚培养合力"为

原则，做到创新创业教育要面向学生个体，分类开展创新创业教育活动，专业教育与创新创业教育相结合，并强化学生创新创业实践能力，确保课程体系、教学方法、师资力量、帮扶措施的全面优化与创新，最终形成建设教学、科研、实践"三位一体"的创新创业教育模式。除此之外，在创新创业教育要素与资源方面，做到统一领导、齐抓共管、开放合作、全员参与，进而形成创新创业型人才全面培养的合力，最终将学校创新创业孵化基地打造成为"创新创业典型经验高校"。

（二）打造"中美青年创客交流中心"

在最近几年中，华南理工大学始终坚持以"三创型"人才培养目标，强调走创新创业教育与专业教育相融合之路，并且在教育实践中不断进行深入探索，力求学生能够成为"创新、创造、创业"型人才。其间，入驻本校的创新创业团队已经超过 230 支，新生代企业家群体已经得到极为广阔的成长空间。除此之外，为了更好地提高创新创业教育水平，学校斥重金建设广州国际校区，力求学校双创孵化基地能够满足当今时代对高校创新创业型人才的迫切需求。

（三）"高层次国际化人才培养创新实践基地"建设

学校在打造创新创业孵化基地道路中，积极开展创新就业"校企行"专项行动，与广东省农垦集团建立合作关系，实现学校与企业之间的无缝对接，确保学生创新创业活动从项目选择到成果产生的全过程都能有优秀创业团队作为指导。其中在岗位供给、需求揭榜、科技合作、项目孵化、协同育人、双创辅导、平台搭建与资源等方面实现多种形式对接。另外，学校还积极开展精益创业带动就业专项行动，在"点→线→面"相结合的产学研协同创新模式方面不断进行创新，充分发挥工科优势，增强对粤港澳大湾区优势特色产业的发展支持，促进科技成果转化和产业化应用，进而达到以创新创业带动学生就业，加快创新型国家建设步伐的目的。

二、华南理工大学创新创业孵化基地运行机制

华南理工大学创新创业孵化基地之所以成为我国具有代表性的高校众创空间模式，其关键在于拥有一套较为完善的运行机制，确保"三创型"人才培养的整体方案有效落实，从而让学生能够在校园之内积极参与国内外创业项目孵化活动，为高质量创新创业人才全面培养提供强有力的保证。

（一）构建"一校三区"双创生态布局

在中国特色社会主义新时代背景之下，华南理工大学致力于打造"双一流"大学，并将重点落在"创新、创造、创业"型高质量人才培养之上，以主校区为骨干，分别建立大学城校区、五山校区、广州国际校区，为创新创业孵化基地建设提供极为广阔的发展空间，实现学生不出校园就能参与创新创业项目孵化全过程。其间，大学城校区智慧教室配备了全新的多媒体控制系统，实现了智能环境下师生、教学资源、教学环境的耦合与互动。主讲教师可以看到其他校区的听课情况，实现与远端教室学生的实时互动；五山校区、广州国际校区学生既可以看到主讲教师讲课画面，也可以清晰看到课件内容。

（二）全面实行"双导师"制

华南理工大学创新创业孵化基地运行过程中，在"软件师资"条件的建设过程中，强调打造"双导师"教师队伍，并且在创新创业教育实践活动中加以深化落实。其间，校内导师主要负责指导学生学习创新创业理论课程、助其规划职业生涯、引导学生创新创业、指导学生全面掌握创新创业理论并且拥有基本实践能力，努力将学生培养为未来优秀的创业者。实践导师主要参与实训课程教学、开设专业讲座、提供创业实习岗位并指导学生进行岗位实践、带领学生开展相关技术项目研究等，努力将学生培养为高水平"创新、创造、创业"型人才。

（三）"华园创客"讲座活动全面开展

该活动作为华南理工大学创新创业教育提质增效的一项重要举措，讲座的内容涉及当前国内与国际较为前沿的科学技术研究与应用成果，同时也包括成功的创新创业实践案例，为在校大学生拓展了创新创业项目选择范围和研发视角，优化创新创业执行方案提供最为直接、最为有效、最为理想的平台。例如讲座活动既包括区块链技术、大数据技术、云计算技术、人工智能技术在产业化发展中的应用，还包括围绕各项技术创新创业活动所取得的成果，从中为学生提供更多成功创业的经验和教训，以此不断增强高校大学生创新创业能力。

三、华南理工大学创新创业孵化基地创新创业人才培养效果

华南理工大学创新创业孵化基地的建设与发展，不仅为我国高校创新

创业教育众创空间模式的构建提供了理想方案，更在创新创业人才培养效果上说明该众创空间模式应用的理想化。接下来就立足人才培养效果证明上述观点。

（一）孵化项目情况

截至目前，华南理工大学创新创业孵化基地健康平稳的运行已经成果孵化出 400 余个创新创业项目[①]，主要涉及教育产业、科技创新产业、服务产业等，为中国经济与社会创新发展起到至关重要的推动作用。

（二）创业项目情况

截至目前，华南理工大学创新创业孵化基地已经有 80 多个创业项目在社会站稳脚跟，并且已经获得社会融资，创业项目年营业额已经超过 12 亿元，每年向国家缴纳税款已经超过 6000 万元，不仅为全面加快创新型国家建设起到了重要的推动作用，更为"创新、创造、创业"型人才全面培养提供了理想方案。

（三）带动就业情况

就目前而言，华南理工大学创新创业孵化基地建设已经为全社会培养出 30 多名创业精英，并且创业项目在全社会极具影响力，已经实现直接带动超 100 万人实现社会就业，并且为超 650 万人间接提供社会就业服务，带动就业所取得的成效极为明显。

第四节　河北工业大学"工学坊"

"工学坊"作为当前我国高校创新创业教育发展道路中，具有代表性的众创空间育人模式之一。该模式之所以为高校大学生创业意识、创新思维、创新创业能力培养发挥重要作用，关键在于育人目标和育人机制具有一定的独特性。为此，如图 5-1 所示，将"工学坊"这一经典案例的分析视角加以明确，并在下文中有针对性的将各个视角加以具体阐明。

---

① 数据来源：华南理工大学新闻网 http://news.scut.edu.cn/2021/1229/c41a45140/page.htm.

图 5-1 "工学坊"案例分析视角

如图 5-1 所示,在高校众创空间实践活动中,"工学坊"无疑是运用成果最为突出的经典案例,不仅可以为高校众创空间建设与发展提供成功经验的借鉴作用,同时也能为高校在众创空间建设与发展的不断深化提供一定的指导作用。

一、"工学坊"的基本特点

河北工业大学"工学坊"创新运用模式,在秉承本校"工学并举"的育人理念下,构建"双循环"自孵化大学生创客育人机制,即构建内循环与外循环耦合联动的机制,通过外循环推动内循环、内循环引领外循环,最终达到提升本校学生双创综合能力的目的。

二、"工学坊"的突出成就

在 2021 年,"工学坊"的突出成就主要体现在如下几方面。首先,在孵化的大学生创业企业方面,创造的经济效益为 4000 余万元。值得一提的是,在这些企业中,有一家大学生企业登陆第四批"天津场外交易市场高校板"。其次,在入驻企业方面,有两家新注册的大学生企业。入驻的企业,包括团队有 110 多支。

三、"工学坊"创客育人机制介绍

众所周知,育人模式构建与运行的质量直接关乎人才培养质量,随着我国创新创业型人才需求量的不断增大,全面提升创新创业型人才培养质量已经成为广大高校创新创业教育发展的核心任务,育人模式构建的合理性与运行过程的稳定性无疑起着决定性作用，河北工业大学"工学坊"众创空间育人模式的构建与运行更是如此。其中创客育人机制的构建与运行无疑是关键中的关键。

（一）五力内循环

1.五力内循环的介绍

五力内循环主要是指思想力、领导力、创造力、教育力以及执行力。在这五力中蕴含了四种特质，包括创业实践、创新能力、创造精神以及创新意识。正是在此五力以及四种特质的共同作用下有力地衔接了大学生与创业者之间的断层，促进大学生从"学魁"向"创客"转变。

2.五力内循环的表现

（1）基于虚拟币技术的众创空间管理系统。此系统是河北工业大学"工学坊"的特色产品，通过此管理系统的设置，一方面促进本校以及合作企业资源的合理配置，另一方面营造了良好的商业沉浸感氛围，有利于促进对入驻团队的活跃度评价。

（2）自建课程——"创在云端"。此项课程包含的内容有专利申报、单片机、数字建模、3D打印技术。此课程实施的效果：在当年的10月上线后，有5000多人次参与学习，有利于让更多的大学生掌握自主申报专利的能力。

（3）创客反哺众创空间建设。河北工业大学毕业大学生创客积极辅助本校的众创空间建设，尤其是在产业经验以及创新能力培养方面提供积极的帮助，真正促进本校众创空间实践的有效进行。以河北工业大学的航模为例，该学校在2021年获得的两个国家航模一等奖是在本校航模第一届负责人杜聪聪的指导下实现的，这也给众创空间的建设带来新思考。

（二）四创外循环

1.四创融合简介

本部分中的四创融合是指思创融合、专创融合、科创融合，以及产创融合四个方面的外循环。思创融合即思想意识形态与双创的有效融合。专创融合，即学生所学专业与双创的科学融合。科创融合，即现代科学技术（重点是信息技术）与双创的有机融合。产创融合是指学生所学专业对应的产业生产与双创之间的有效融合。

2. 四创融合表现

（1）思创融合

在进行"工学坊"的建设过程中，河北工业大学更为重视思创融合，即将思想政治教育融入双创教育过程中，既要让学生意识到双创的经济效益，又需使他们意识到双创的社会效益，在正确价值观的影响下，真正以社会发展为己任，进行双创活动，培养学生的历史担当。众所周知，红旅赛道是一项"互联网+"大学生双创大赛的特别项目，主张让青年关注弱势群体、关注农村、建设美丽乡村，这样既落实国家的精准扶贫政策，又兼顾社区治理和乡村振兴，还以双创实践推动社会经济的平衡协调发展。为了响应国家号召，河北工业大学的青年筑梦之旅团队，积极投入到红旅赛道中，并获得了两枚铜奖。

（2）专创融合+科创融合

在专创融合+科创融合方面，河北工业大学构建本校特色的"金字塔形"双创课堂体系，既满足不同年级学生双创知识的学习需要，又让不同层级的学生掌握最为接近个人认知的双创知识，促进他们创新能力的提升。与此同时，河北工业大学着重引入高级智库导师十余人，这些导师主要来自于中国高校创新创业教育研究中心专家、国家就业创业指导委员会委员、国家创新创业教育摘掉委员会委员等。这些优质双创教师的融入有利于促进专业知识与双创知识的有效融合，构建最为接近学生认知区域的双创授课知识体系，提升学生专业知识学习能力以及双创思维能力。

（3）产创融合

在产创融合方面，河北工业大学的突出成就主要体现在如下三方面。首先，产创融合课题。河北工业大学一共获得产创融合课题152项，资金支持多达3万元。其次，产创融合设备。河北工业大学获得价值29万余元的产创融合设备，其中包括物联网套装设备、机械臂设备等。最后，产创融合基地。在产创融合基地建设方面，河北工业大学获得工信部认可，即获批成为首批重点产创融合基地——校企协同就业创业新示范实践基地。

第五节　浙江万里学院"万里笃创"

浙江万里学院在探索创新创业教育众创空间模式道路中，已经取得较为显著的成就，所打造的"万里笃创"众创空间模式在全国范围内突显出代表性，这为高校高质量创新创业型人才培养提供了智慧方案。针对于此，本节内容立足浙江万里学院"万里笃创"众创空间模式，将其运行机制和发展成就作出具体阐述。

一、"万里笃创"众创空间概况介绍

"万里笃创"众创空间由浙江万里学院发起成立，立足于高校丰富的设备资源环境、技术人才储备、教育实践培训平台和创新教育培养模式，以"智能硬件"与"互联网+"项目为重点培育方向，兼顾其他高新技术产业，旨在打造"让所有学子都动起来，让大学生活更创意"的综合服务平台，与地方企业对接，致力于构建高校与地方产业相结合的开放式创新创业生态系统支撑平台，解决创新创业要素互联互通问题，倡导一种深耕细作的价值创造模式。培养学生的创新精神和实践能力，营造高校创业氛围构建创新体系，为创客创新创业提供设施完备环境良好的空间和资源。

"万里笃创"现有总面积近5600平方米，可供开放共享的科学仪器设备近100项（价值1700多万元）。其中拥有图形计算机系统、小型电子计算机、视景仿真系统等贵重仪器设备。目前，"万里笃创"众创空间拥有种子资金300万元，同时，与地方产业投资公司达成投资协议，他们将根据项目实际情况进行投资。

二、"万里笃创"众创空间运行机制

浙江万里学院在国家级众创空间成立了"万里笃创"党支部，探索将党建组织育人工作与大学生创新创业有机结合，逐步形成了一套内容较为丰富、点面结合恰当的党建组织育人格局，充分发挥学生党员在创新创业中的引领示范作用。2018年12月，"万里笃创"党建示范阵地成功入选首批全省高校党建示范群。学生党员带头举办各类创新创业活动，创客教育效果突出，全校辐射引领示范作用显著。据统计，学生党员近年来在整个学生中创业的比例高达30%，涌现出了一批高质量的大学生创业企业典型。其具体运行机制如下。

（一）开展创客活动，引领创新创业教育

传统高校的创新创业教育一般由校团委、教务处或学校就业创业指导中心开展，受传统工作内容牵绊，这些部门很难全身心投入创新创业教育，也难以让各部门人员达成创新创业教育共识，影响成效。"万里笃创"众创空间作为开展创新创业教育的综合平台，经过注册，有机构代码、运作团队、落实责任主体，配备专门的工作人员。与地方孵化器、创业园对接，接受地方政府机构的目标考核。不仅有效整合了校内分散于院系、部门的创业资源，还与社会上的行业创客空间形成合作，开展基于行业专业基础上的创客教育及项目化实践。高校众创空间既是校企合作的桥梁，也为校研合作、校地合作搭建了多方共赢的平台。校企合作是突破目前创客教育瓶颈的重要渠道。一方面可以通过具体案例的剖析，让大学生了解市场真正的需求，同时也将创业平台延伸至真枪实弹的实践应用中。在专业教育方面，众创空间通过开展校企合作，将专业教育与创业场景、行业环境、市场需求有机融合，使得教学内容更加贴近产业动向、行业前沿及市场走向；在创业教育方面，高校众创空间将创客活动带到课堂，通过互动式的实践教学，引导学生将优秀的创客成果转化为创业项目，不断强化学生的创新创业能力，形成了以创客活动引领高校创业教育的良性循环。

（二）配备校内外创业导师，对学生创业进行全方位指导

以往的实践经验证明，现代科技和现代师资是高校创新创业教育的重要保障和依托。创业导师在大学生创业活动中起着重要的指导作用，具有实战经验的创业导师可以帮助大学生在创新和创业的过程中提高效率和项目质量。高校众创空间致力于建设一支优秀的校内外创新创业导师队伍，一方面，鼓励不同专业的教师加入创客空间，以实现校内师资的优势互补；另一方面，启动"高位嫁接"，加强学校、科研院所和企业之间的师资流动，吸引有实践经验的企业家担任创业导师。创客们在校内导师的指导下开展技术和项目研发，校外导师则对商业模式和市场运作进行指导，他们往往能看准创新创业的未来发展趋势，及时发现和发掘潜在的商机，善于"融资、融智、融创、融业、融新"，具有"四两拨千斤"的问题解决能力，从而可以为尚处创业困境的学生提供针对性指导。校内校外导师，从理论和实践全方位指导学生团队创新创业，从而提升大学生创业续航力。

（三）投入双创专项经费，匹配双创活动场地

资金是开展各类创新创业活动的基本保障。"万里笃创"众创空间启动种子资金为 300 万元，2015 年被评为国家级众创空间，2015—2018 年空间运作得到政府各项补助款 200 多万元，此外，有学校双创经费预算，众创空间每年创新创业经费投入在 100 万元以上。这些资金为开展各类创新创业活动提供保障，为学生创业项目提供启动资金，为初创团队提供奖励，鼓舞初创团队持续进行项目发展。为了更好地建设"万里笃创"众创空间，学校在原有大学生创业园的基础上又匹配了一幢创新开放楼，为学生提供场地、设备等软硬件基础设施，为创客们提供资金、资源、管理、策划等多方面的支持，从而满足师生创新创业活动需要，帮助创意幼苗成长以及后期转型。青年创业者只需"拎包入驻"即可创业，这也极大地调动他们的积极性，让他们集中精力从事创新创业。

（四）以双创竞赛推动学生实践，激发学生创新创业热情

普通高校创新创业教育开展的创业讲座、策划案评比等活动形式过于单一，众创空间的集中性使得创客可以交流分享彼此的想法、经历和创业经验，形成你追我赶的良好创业氛围。"万里笃创"在创建之初，就通过挖掘具有创业意向或对创业活动感兴趣的学生，帮助其发展成为万里创客协会成员，由"万里笃创"管理团队中的老师担任创客协会指导老师，指导举办各类创新创业活动，营造良好的校园创新创业氛围。积极组织学生参与"挑战杯""互联网＋"等创新创业大赛，以赛带训，不仅巩固了创业教育成果也检验了创业教育知识学习的效果，也提高了大学生的创新意识，激发了大学生的创新创业热情。在备赛的过程中，学生依托创客空间资源优势，在跨学科知识整合中实现知识技能创新，成长为具有创新精神和创新素养的新型人才，在研究性学习中体验到创造的乐趣，把创造性的想法变成现实。竞赛是塑造学生创造能力的过程，既培养了学生主动探索精神、自主创新能力、合作研究等综合能力，又让不同创意想法相互碰撞，充分发挥大脑思维的扩散能力，激发了创客的创意灵感。

（五）开展创业团体心理辅导，培养创业者素质

创业者的身上洋溢着各种积极心理，如积极情绪体验、高度自信、积极人格等，这些心理品质需要被创业者感知到，从而成为他的创业自信。团体

心理辅导就是激发创业者发觉自身潜质的很好途径。所谓团体辅导指在团体的形式下进行的一种心理咨询与辅导。通常由具备专业能力的实务工作者，运用团体的理论和历程，以协助一群互相依赖的人达成他们个人的、人际的或任务有关的共同目标。"万里笃创"众创空间的运作团队中有专业的心理咨询师，定期开展团体心理辅导活动，设计活动方案，以增强学生自信心为出发点，使学生加强对自身的认识，充分认识到自身优势和劣势，认识到自身的优势和劣势会给创业过程带来哪些正面和负面的影响。通过团体心理辅导让学生学会挖掘自身潜能，提出创新性的发展想法，增加创业成功的可能性。另外，学生在创新创业的过程中容易产生各种焦虑、甚至自卑、抑郁等负面情绪，需要专业心理咨询师及时干预，心理辅导。因此，众创空间里开展的团体心理辅导在大学生创新创业教育中有着积极的作用。

（六）提供真实商业环境下的大学生创业实战平台，积累创业经验

众创空间作为大学生创业的实战平台，空间内的所有项目都是在真正的市场经济中运作，可以有效弥补当前高校创业教育"理论多、实践少、缺乏真实性"的缺陷。传统的创业教育课程体系都是基于"商业计划"制定的，然而事实证明创业家的成功更多地取决于自身能力和适应市场的灵活性，而商业计划所起的作用较小。真正的创业学习依靠的是"做、解决问题、互相学习，发现错误、寻求机会"等，强调"如何实现"的过程。"万里笃创"众创空间搭建了创新创业的多样化实战平台，如项目路演，创业实训模拟公司数字平台，对内有效利用创新创业资源，对外积极挖掘各类优质社会资源，从而尽可能满足学生的创新创业需求。通过这些平台，大学生可以及时把自己的创新成果与市场需求结合起来，从而在真实的商业环境中获得经验式学习。为了培养学生"角色认知"。例如如何处理公司内外的人事关系，如何扮演创业家的角色，"万里笃创"众创空间开展了校友创业公司双选会，将创业意向的学生推荐到校友创业企业中进行角色实践，通过这一系列的实战平台，避免了普通创业大学生缺乏经验而导致的盲目与慌乱，大大降低"创业夭折"的概率。

三、"万里笃创"众创空间品牌建设情况

浙江万里学院是国家"深化创新创业教育改革示范高校"，全国 KAB创业教育基地、全国高校创业指导师培训基地、浙江省高校创业指导师培训基地，创业率保持逐年上升态势。2020 年，根据浙江省评估院对全省本科

学生职业发展状况与人才培养质量调查数据，学校学生毕业一年后创业率为5.54%（高全省平均 1.05 个百分点）。8 个专业创业率全省同专业第一。

长期以来，学校坚持高素质应用型人才培养中心工作，以服务需求为导向，对接行业产业，强化能力培养，精心制定专业培养目标，持续优化人才培养方案；加速并深化了创业教育 2.0 升级版，形成了双向同构的创新创业教育模式，强化了学生创新精神和创业能力的培养。高度重视毕业生职业发展与人才培养质量跟踪调查工作，如开展毕业生回访问题分析与培训、就业创业系列活动、就业创业工作专题培训等，创新学生指导模式，助力学生职业发展，毕业生就业质量整体向好，起薪不断提高，社会适应性强，企业满意度高，创业能力强，创业教育在全国产生了重大影响。据 2018 年 11 月 28 日搜狐网报道，在京领新国际联合创业时代网推出的针对所有公办高校创业竞争力的综合排名榜单上，浙江万里学院排名第 48 位；"微水流发电系统"项目入围全国 20 佳微创业项目；浙江万里学院受邀参加第四届国际创新创业博览会（浙江仅两所高校受邀）；创客学子连续三年入选"全国大学生创业英雄百强"，是浙江省唯一一所连续三年上榜的高校，全国也仅有 4 所高校连续三年上榜。"万里笃创"众创空间在做好本职工作的同时，积极配合区、市、省、国家各级主管部门的工作，及时完成各项数据统计的上报及其他任务。

综合本章各节所阐述的观点不难发现，高校创新创业教育要立足时代发展所提出的新要求，不断创新其教育模式，力求创新创业教育活动的全过程能够满足时代背景下的人才需求。立足当今时代背景，不难发现创新创业型人才已经成为社会需求的主体，并且需求的迫切程度极为明显。对此，高校创新创业教育模式更要进一步做到脚踏实地，既要强调学生创新创业意识和思想层面的引领，还要强调创新创业理论基础的强化，更要加强对学生创新创业实践能力的指导与深化，众创空间在高校创新创业教育中的全面建设与有效运用无疑是对固有教育模式的颠覆，众创空间本身所具有的创新孵化能力也势必会提升高校创新创业教育的品质。对此，如何确保众创空间创新孵化能力的可持续提升就成为重中之重，对其进行有效的评价显然是理想之选，而这也正是下一章节所要阐述的主要内容。

第六章 高校众创空间创新孵化能力评价

高校创新创业教育提质增效是全面加快我国创新创业型人才培养步伐的重要举措，也是为我国新时代中国特色社会主义现代化强国建设输送更多合格人才的重要抓手，更是将我国建设成为新时代创新型国家的重要推手所在。随着时代发展步伐的不断加快，众创空间的强势崛起无疑为我国高校创新创业教育发展提供了至关重要的推动作用，其中创新孵化能力的可持续提升更是关键中的关键，有效将高校创新创业教育众创空间创新孵化能力作出客观评价至关重要。本章针对其评价体系的构建过程进行观点阐述。

第一节 高校众创空间创新孵化能力的评价标准

从评价体系构建的基本流程出发，评价标准能够为评价活动确定准确地评价尺度和界限，让评价结果是否理想能够拥有客观的依据。针对高校创新创业教育众创空间创新孵化能力评价工作，显然也要将准确建立评价标准作为基本前提。如图 6-1 所示，将评价高校众创空间创新孵化能力的标准加以直观呈现，随之在下文中会将其原因作出明确的阐述。

技术研发层面
必须与高校大学生共同进行新技术的研发

市场拓展层面
市场拓展工作的开展必须做到全程化参与

服务的便捷性层面
服务学生创新创业活动必须做到细节的高度细化

图 6-1　制定高校众创空间创新孵化能力评价标准的侧重点

如图 6-1 所示，高校众创空间在高校创新创业教育中的作用体现往往在于能够带领学生有效进行项目孵化，孵化能力是否能够得到可持续提升无疑关乎高校众创空间对创新创业教育发展的推动作用能否长时间保持。为此，高校众创空间的创新孵化能力评价固然重要，其标准是否明确显然是重要前提。在这里，评价标准的确定其初衷要体现在以高校大学生创新创业意识、思维、能力的培养为中心，让高校大学生不仅能掌握专业知识、拥有技能、能力、素养，更能以创新的眼光去思考如何创业，故此明确了三个重要评价标准。

一、与高校大学生一道进行技术研发

高校创新创业教育众创空间的建设与应用重点在于改善固有的"重理论、轻实践"，以及与专业教育相脱离的局面，真正让高校大学生在校期间不仅在专业知识、专业技能、专业能力、专业素养方面得到全面发展，更能在专业领域以创新的视角思考如何创业，让自身的社会价值达到最大化。因此，创新创业教育众创空间所具有的引领、服务、导向作用能否得到充分发挥自然显得至关重要。其中，无论是在创新创业视角的研发方面，还是在创新创业项目的选择和运行流程的制定与优化方面，显然都会影响学生创新创业的积极性和主动性，而这些因素正是创新创业教育众创空间创新孵化能力的集中展现，更是创新创业教育实践性的作用体现。

而众创空间在研发新的创新创业项目，并且制定创新创业实践方案与运行流程过程中，新技术的研发永远都是避不开的关键环节，高校创新创业教育有效利用众创空间，全面提升高校创新创业教育质量和水平就必须强调创业团队参与新技术研发过程。在此过程中，显然要以学生为主体，为学生提供专业层面的启发和实践操作层面的指导，让学生能够明确创新创业项目选择的视角如何才能达到具有创新性的目标，技术研发流程如何才能具有系统性与科学性，由此保障学生以积极主动的心态去了解创新创业，以饱满的热情投入到创新创业实践活动之中，从中探索出创新性，同时与时代发展大环境高度吻合，更具备可持续发展条件的创新创业项目。

在此期间，所积累的成功经验和教训显然会成就未来更多创新创业项目的产生，更会让高校创新创业创新孵化能力得到不断增强，高校创新创业教育水平也会因此得到可持续提升，高校为新时代中国特色社会主义事业建设与发展培养出更多合格的创新创业型人才。针对于此，与高校大学生一道进行技术研发就成为评价高校创新创业教育众创空间创新孵化能力的基本标准。该标准不仅体现出众创空间在引领学生技术创新视角方面所发挥的作用，更体现出在技术研发方案与流程的引导作用，以及技术研发实践中的指导与启发作用，进而确保高校大学生在创新创业中技术创新、技术研发、技术攻关能力得到全面发展的同时，让学生所识真正做到学以致用、开拓创新，全面提升高校创新创业教育质量与水平的同时，促进当今时代高校大学生实现全面发展，做到以崭新的姿态融入行业发展大环境，并能保持发展可持续性的同时，可以逐渐引领行业的发展，为行业始终保持高质量发展注入不竭动力。

二、全力以赴带领高校大学生进行市场开拓

众创空间其实质就是一种全新的企业孵化器，大众化创新是主体和内容所在，而空间则是大众化创新的平台，创新创业就是要让更多的人有更为广阔的空间和资源去从事全新的创业活动。高校创新创业教育就是要为学生创新创业意识、思维、能力的全面培养提供较为理想的空间，而众创空间的应用无疑是最直接、最有效帮助高校创新创业教育达到这一最终目的的理想之选。在此期间，众创空间本身所具有的创新孵化能力显然发挥着重要的推动作用，而孵化过程无疑是一项极为系统的工程，并且要面临诸多严峻的挑战，开拓市场固然是众多严峻挑战中难度极大的一项，所以在评价高校创新创业教育众创空间创新孵化能力的过程中，要将全力以赴带领高校大学生进行市场开拓作为一项重要的评价指标。

具体而言，市场开拓的过程包括明确所学专业所属行业、行业发展的基本态势、行业产品与服务的主要特点、现有产品与服务的定位、目标市场的确定、目标市场的占有率和增量。以此为契机，了解当前自身创新创业项目产品的特征与市场需求，从中找出产品的优势所在，并且客观判断出与同行

业其他产品之间存在的具体差距。最后还要针对目标市场中的客户需求，以及目标市场以外的客户需求进行社会调研活动，从中了解社会关于创新创业产品的需求方向，从而判断出市场潜在的发展空间，以此为契机进行产品和服务设计理念、研发方向、生产制造技术的创新，进而达到最大程度满足市场需求，并将市场进行最大限度的开发，提高产品在市场中的占有率和增量。

针对开拓市场的全过程而言，高校大学生在以往的创新创业实践活动中，只能按照理论课所及介绍的基本流程，一步一步进行摸索和实践，遇到问题往往会向创新创业教育指导教师求助，但是教师通常状况下并不能及时了解学生所处的具体情况，也不能针对学生所遇到的实际问题进行深入分析，项目创新孵化能力的发展受到一定程度的制约，由此导致创新创业教育实践活动本身所具有的指导作用很难发挥，创新创业教育实践活动的效率难以得到保证。针对于此，在高校创新创业众创空间创新孵化能力评价的过程中，必须将全力以赴带领高校大学生进行市场开拓作为一项重要评价目标，不仅要求创业团队和创新创业导师参与到开拓市场活动中去，更要做到创新创业导师能够集中把控全局，力求当创业团队与学生遇到问题时能够得到及时解决，并且将解决方案加以记录反馈至导师手中，由此确保众创空间在孵化成熟的创新创业项目过程中能够积累丰富的经验，成为高校创新创业教育实践活动全面开展的宝贵资源。

三、为高校大学生提供全套化的创新创业便利服务

高校大学生创新创业项目的选择、时机的把控、方案的设计、流程的运作是一项艰巨的工程，创新创业教育既要为学生提供理论层面的指导，同时更要在实践层面为之提供强有力的启发和服务。正因如此，高校创新创业教育在发展的过程中，强调创业团队和创新创业导师队伍的引进，并且在各个层面为高校大学生提供指导、启发、服务条件，而这也是众创空间引进并有效运用的最终目的，同时还是全面提升众创空间创新孵化能力的有力途径。针对于此，在评价高校创新创业教育众创空间创新孵化能力的过程中，必须将为高校大学生提供全套化的创新创业便利服务作为一项重要评价目标，以此来促进众创空间创新孵化能力的全面发展。

具体而言，就是高校开展创新创业教育活动过程中，众创空间所辖创新创业型团队要深入到大学生创新创业教育实践活动的各个环节之中，不仅要在理论层面引导高校大学生深刻感知当今乃至未来创新创业的主要视角，以及创新创业项目选择的主要原则，更要从实践层面出发，通过成功的创新创

业项目向学生介绍创新创业项目选择的基本初衷、创业实施方案、实施流程、已经取得的成就，让学生能够感知创新创业并非遥不可及，只要在正确的时间以正确的视角作出正确的判断，之后不断细化实施方案与流程必然会走向成功，由此不仅确保高校大学生创新创业意识、思维、能力得到全面强化，更能改变高校大学生以就业为中心的未来发展思想。

基于此，在明确该评价目标的同时，还要将其目标加以细化，确保评价目标能够为评价模型的选择与构建，以及评价指标体系的高度完善提供重要的支撑条件。该评价目标最终可以细化出三个具体目标，即创新创业项目选择阶段的引导与服务、创新创业时机把控的引导与服务、创新创业方案与流程的启发与指导。就项目选择而言，要用真实的案例去引导和启发创新创业项目选择的视角，并且还要将选择的基本原则加以高度明确，让学生既能知其然，还能知其所以然，唤起并不断增强高校大学生创新创业的欲望。就时机的把控而言，依然要以真实的案例作为支撑，让学生明确创新创业时机选择的主要原因，并且深刻意识到创新创业时机的准确选择必然直接促进创新创业项目走向成功，同时也让项目本身具备发展的可持续性条件。就方案的设计和流程构建与运行而言，以众创空间已经确立的创新创业项目为载体，带领学生共同进行创新创业项目实施方案的打造和运转流程的构建，从中结合实际情况为之提供引导和启发，并在技术和基础设施等层面为之提供最直接的服务，力保高校大学生在创新创业教育活动中不仅能够掌握理论基础，更具备实践操作能力，最终向创新创业型人才进发，高校创新创业教育众创空间创新孵化能力必然会随之不断提升。

综合本节所阐述的观点，不难发现在评价高校创新创业教育众创空间创新孵化能力的过程中，明确评价标准必然要放在重要位置。其原因体现在评价标准为评价活动指明了具体方向，确保评价活动的实质更为清晰、评价主体更为明确，能够为评价活动的顺利开展提供极为理想的前提条件，建立评价模型和系统化构建评价指标体系正是以此作为基础。接下来的两节内容分别针对评价模型和评价指标体系构建加以系统性的阐述。

第二节 高校众创空间创新孵化能力的评价模型

高校创新创业教育发展俨然已经进入到新的阶段，最为重要的标志就是众创空间已经成为创新创业教育实践活动的重要组成部分，而众创空间创新孵化能力的可持续提升显然发挥着至关重要的作用。为此，当今高校创新创业教育正在为众创空间创新孵化能力的可持续提升不断加大支持力度，有效开展其评价工作自然是极为有力的说明，而科学选择评价模型恰恰是关键中的关键。本节内容就针对高校众创空间创新孵化能力的评价模型构建作出系统性阐述。

一、CMM 模型的引入

CMM 模型是指能力成熟度模型。其中，字母"C"代表"能力"，字母"M"分别表示"模型"和"软件"。随着时间的推移，该模型不仅适用于软件成熟度的评价，同时更适用于多领域能力成熟度评价，该模型如图 6-2 所示。

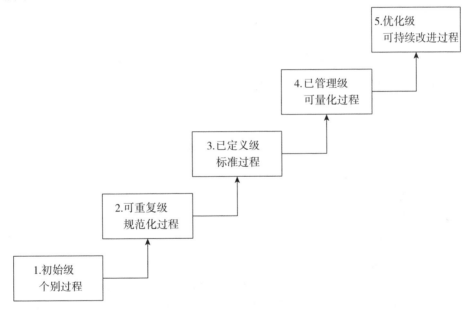

图 6-2　CMM 模型图

如图 6-2 所示，CMM 模型作为一款能力提升模型，能够确保能力在不同阶段达到预期目标并顺利进入到下一阶段发展过程之中，进而确保能力的可持续提升。高校创新创业教育众创空间的应用过程中，创新孵化能力的提升显然需要经历长时间的发展过程，阶段性提升显然是最为理想的选择。因此，将 CMM 模型有效引进并加以有效应用，势必会促进高校创新创业教育众创空间创新孵化能力的可持续提升。针对于此，接下来将上述原因作出系统性说明，充分验证其应用的现实意义和可行性。

（一）CMM 模型的介绍

该模型是美国软件工程所研发的一款评价模型，起初该模型主要应用于对软件开发能力的评价，由此为软件开发能力的不断提升产生了至关重要的推动作用。在该评价模型的设计过程中，其理念体现在能力的提升过程应该保持循序渐进和持续改进两个原则，并非经过一时的努力就能达到最理想的效果。在该模型的实际运用过程中，最为关键的一环就是过程性管理，强调能力提升的过程应该具有等级性，在进行不同阶段导致能力提升的关键因素，从而制定出关键过程域，只有该阶段所有的关键过程域都能达到成熟度目标之后，才可以顺利进入到下一个能力提升阶段，最终一步步形成能力的提高。故此，该模型也被广泛应用于企业能力提升过程之中。在该模型的基本结构组成中，主要包括两个结构，分别为成熟度等级和内部结构。反映的现实情况体现于三个方面：一是企业在各个能力发展阶段所处于怎样的水平或状态；二是企业在提升能力过程中必须重点关注的条件；三是企业全面提升自身能力的可行性路径。而这些恰恰是企业面对发展大环境能否保持长足发展的决定性条件，因此该模型在企业日常生产经营活动中具有极为明显的实用性。

针对该模型成熟度等级结构而言，由于模型设计理念中，强调能力提升过程具有由低到高的进发过程，所以能力等级的提升过程能够将能力发展中所产生的众多因素进行全面的描述，而这些因素则需要以循序渐进原则为依托进行详细的划分，每一个等级的目标达成都会成为下一等级层次目标达成的重要基础，所以在因素划分过程中应体现出由低到高，并且保持层层递进的状态，最终实现能力发展的最终目标。就当前国际针对能力等级的划分而言，主要包括初始级、可重复级、已定义级、已管理级、优化级五个等级。针对该模型内部结构而言，主要将能力成熟度的等级本身的定义和特点进行了详细描述，所以关键过程域、公共特性、关键实践就成为该模型内部结构的重要组成。其中，"关键过程域"主要是指在能力提升目标过程中拿下实践活动对其产生了重要影响，而这些影响因素自然成为评价指标的内容所在，而在企业发展过程中这些指标全都达成也说明企业已经具备该等级的相关能力。"公共特性"指的是关键实践的具体分类，确保关键性实践活动可以获得更加规范性的描述。"关键实践"是指在完成关键过程域目标的过程里，企业应该开展的具体实践活动，以及必须具备的设施和条件。高校创新创业教育"众创空间"的有效融入依然需要高校不断将相关能力不断提升，可见 CMM 模型在评价高校众创空间创新孵化能力过程中具有较为明显的适用性和实用性。

（二）应用 CMM 模型的现实意义

从高校创新创业教育发展的现实情况来看，"众创空间"的强势进入依然需要一个系统性过程，从而才能确保众创空间创新孵化能力的全面提升。在从高校创新创业教育中众创空间创新孵化能力的作用与价值角度分析，是全面提升高校大学生市场竞争优势的基础所在，建立一整套完整的指标体系，并且通过科学合理的方法对其指标体系进行评价，最终必然会反映出高校创新创业教育众创空间创新孵化能力水平，从而让影响其能力发展的因素更加显而易见。这些显然都是全面提升高校创新创业教育众创空间创新孵化能力的侧重点所在，有针对性将其加以改进的过程具有极为突出的实践价值。在这里，将该模型引入到高校创新创业教育众创空间创新孵化能力评价过程中，必须重点关注三个方面。

第一，在高校每个专业、学科、领域中，关于创新创业教育众创空间的创新孵化能力的需求程度都各有不同，这也意味该能力所处于的水平也各有不同。所以，在某种程度改进相同或不同的创新孵化能力关键因素往往在不同众创空间建设与发展中所呈现出的效果也存在不同性，这样必然会导致评价结果反映出的众创空间现有创新孵化能力不能有针对性地展现与行业内部具体要求之间的差距，因此在应用该评价模型时必须高度重视，避免这一情况出现。

第二，针对众创空间创新孵化能力的关键性要素加以有效改进往往只能在短期之内产生作用效果，但其长期性并不能得到强有力的保证，这样显然不能确保众创空间创新孵化能力的可持续性提升。因此在通过该评价模型进行高校众创空间创新服务能力的评价过程中，必须做到高度关注各个关键性因素的协同发展。

第三，不可否认的是高校创新创业教育众创空间创新孵化能力的提升过程具有极为明显的动态性，创新孵化能力往往需要在一系列的创新实践中来完成，静态的创新孵化能力评价过程往往只能在一定程度上反映众创空间创新孵化能力的总体水平，但是在引导众创空间创新孵化能力逐步提升的作用往往并不明显。对此，在高校创新创业教育中，应用该评价模型进行众创空间创新孵化能力的评价必须将创新孵化能力发展过程作为重要的出发点，由此确保评价的过程始终保持高度的动态化。

综合以上关于 CMM 模型的介绍不难发现，该模型是根据高校创新创业教育众创空间发展的现状来进行发展过程的划分，从而通过成熟度等级来反映相对应众创空间创新孵化能力所处水平，这样不仅可以找出当前众创空间创新孵化能力水平定位，同时还能针对存在的薄弱环节进行高度明确。在此期间，确定每一个成熟度等级都有具体的侧重性，将不同阶段创新孵化能力的关键要素进行不断提升，这样可以减轻众创空间创新孵化能力提升过程的压力，从而可以确保该能力关键要素得以协调发展。

（三）CMM 模型应用的可行性

该模型构建的初衷在于有效描述和评价软件能力，目的就是针对软件在经过运行后所达到的预期成果最大值进行描述。在这一过程中，主要将能力进行了客观的衡量，对于有效预测组织揭晓一个项目是所能够达到的预期目标效果极为显著。针对高校创新创业教育众创空间的构建与发展而言，最终的目标就是各个环节的资源能够得到极为高效的利用，并且得以顺利实施，产生远超预期目标的实施效果，由此提升高校创新创业教育创新孵化能力，为高校大学生创业构思、产品设计与研发、产品生产与销售、产品售后服务提供强有力的指导。在此过程中，这与软件能力的提升的过程之间存在高度的一致性，都强调每个环节之间的紧密协同，不能仅仅局限在某一个环节充分发挥其作用。

在高校创新创业教育活动中，众创空间的创新孵化能力提升过程是学校诸多活动和程序的集合，每个程序或活动又包括多个运行过程，并且存在过程有层次性差别，而一个层次顺利进入到下一个层次则说明能力得到了有效提升。除此之外，在创新创业教育活动中，众创空间所处于的不同发展阶段也意味着创新孵化能力处于不同的状态，具体表现就是资源的识别、获取、对接的过程已经将存在的创意进行了具体的定义、测量、控制，最终会转化成为有差异性特征的创新孵化能力，形成在等级上存在明显不同的众创空间创新孵化能力。所以，在高校创新创业教育活动中，众创空间创新孵化能力的每一步提升都能说明其创新服务能力所处成熟度等级得到了相应的提高。

此外，还需要高度关注的是该模型的应用必须要有两个必备的条件。第一，该模型作为客观呈现能力持续提升和不断改进的过程，必须具备过程的可重复性。第二，该模型的成熟度等级的划分拥有极为明确的所属领域，所以可持续提升和不断改进的过程必须做到可进行不断细化。高校创新创业教育活动中，众创空间的应用过程显然是一个不断重复的过程，创新孵化活动自然也是如此，每一次成果的创新孵化过程也都意味着创新孵化能力的总体提升，因此众创空间创新孵化能力提升的每一个环节都是多项活动的全面综合。由此可见，在高校创新创业教育众创空间创新孵化能力评价过程中，运用 CMM 模型来评价和提升该项能力是理想之选，其可行性更是不言自明。

二、高校众创空间创新孵化能力要素分析

从高校创新创业教育发展角度分析，众创空间的建设与应用无疑为之提供了强有力的推动作用。其中，最为明显的体现就是在创新孵化能力方面得到不断增强。然而，在实际操作过程中，如何才能确保众创空间该能力始终处于不断增强的状态自然成为广大学者和高校创新创业教育工作者关注的焦点。其间，高校创新创业教育众创空间的建设与发展道路中，孵化能力的提升也需要经历一个完整的过程，即从不成熟逐渐走向成熟的过程。在这一过程中，CMM 模型能够为其成熟度作出更为客观和更为准确地评价。为此，在有效评价高校众创空间创新孵化能力之前，必须要针对其基本构成要素进行深入分析，并最终将其高度明确。接下来就通过视觉直观的方式，将高校众创空间创新孵化能力要素一一呈现，如图 6-3 所示。

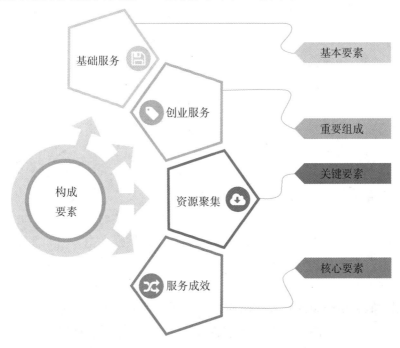

图 6-3　高校众创空间创新孵化能力要素构成

通过图 6-3，不难发现高校众创空间创新孵化能力的构成因素包括基本部分、重要部分、关键部分和核心部分四个层次。其中，基础服务能力固然是创新孵化能力的根本，这一方面所包括的因素都体现出较强的根本性。创业服务则是重要组成，直接影响创新型企业孵化的效率，资源聚集则是关键要素，直接影响创新型企业孵化的质量和成功率。服务成效则是核心要素，是成果的具体体现。而这些要素的有效评价显然需要在理想的评价模型中才能呈现出准确地评价结果，CMM 模型的应用无疑是最为理想的选择对象，原因在于该模型能够将高校创新创业教育众创空间创新孵化能力要素进行深入的挖掘。对此，在接下来的观点阐述过程中，就将该能力的构成要素作出深入分析。

（一）基础服务

基础服务作为高校创新创业教育众创空间深度应用，有效发挥出众创空间创新孵化能力的根本所在，主要涵盖的内容应该体现在众创空间设施所能够为之提供的服务，以及空间内部管理团队建设所能够提供的服务两方面，由此确保"硬件条件"和"软件条件"能够为高校大学生创新创业思维与能力的发展提供有力保证。

具体而言，众创空间设施为众创空间创新孵化能力的发展所提供的基础服务包括两方面，即高校为学生创新创业提供的办公场所以及相关的配套设施以及为学生开展创新创业活动所能够提供的配套服务。前者主要立足从硬件层面为大学生创新创业打造理想的办公环境，确保创新创业活动的开展能够拥有极为有力的硬件支撑条件。后者主要强调硬件条件的服务作用不断深化，让高校大学生创新创业活动开展过程中，可以顺利借助硬件条件从事各项办公活动，确保硬件条件的应用价值达到最大化。

管理团队建设为众创空间创新孵化能力的发展所提供的基础服务同样包括两方面，即管理团队人员的整体素质水平以及管理团队运行过程中的机制科学性与有效性。前者主要体现在管理人员所具备的能力与素质方面，是众创空间切实为高校大学生创新创业能力发展提供强大指导力和保障力的关键，后者主要体现在管理工作运行模式方面，如果管理模式区域理想化就意味着管理工作的运行机制较为科学合理，管理团队自身的能力与素质在学生创新创业能力培养中能够发挥出应有的作用，反之则不然，而这也是高校创新创业教育众创空间创新孵化能力必须具备的根本条件，所以基础服务水平的提升也是创新孵化能力得到发展的根本体现。

（二）创业服务

创业服务作为高校创新创业教育发展道路中，众创空间创新孵化能力的重要组成部分，也是有效为高校大学生创新创业能力发展提供强大指导力的重要体现。其中包括的条件众多，主要涵盖创业教育培训、创业交流活动、投融资服务、技术创新服务、高效发展与人才服务五个部分，每个部分都会对高校大学生创新创业能力发展带来至关重要的影响。

创业教育培训的整体效果主要由两方面呈现，分别包括了在每个阶段中安排创业培训的频率高低和次数的多少，以及每次创业培训所体现出的质量和规模。每个阶段开展培训活动的频率和次数能够反映出高校大学生在创业教育中所获得的学习机会，培训质量和规模主要说明高校大学生在创业教育活动中的学习成果，而这些恰恰是影响高校大学生创业意识和创业能力能否逐步得到发展的因素所在。

创业交流活动是作为高校创新创业教育避免"闭门造车"情况出现所采取的有力措施，也是颠覆高校大学生创业固有认知，不断提升创业能力水平的理想途径所在。为此，在全面开展创业交流活动中，必须注重活动开展的频率和次数，以及活动开展的质量与规模，其作用显然能够让高校大学生在创业教育过程中能够获得更多与他人交流的机会，并且创业能力提升的效果达到最大化，而这些因素无疑也是影响高校大学生创业意识和创业能力逐步得到发展的关键因素。

投融资服务主要针对高校大学生创业的实操技能提供强有力的培养，是其创业道路走向成功必不可少的条件，所以在高校创新创业教育活动中，众创空间创新孵化能力的全面提升应在投融资服务方面发挥出巨大的作用。具体而言，不仅要与投融资机构接洽的频率和次数达到合理化，同时在投融资的成功率方面依然要得到强有力的保证，这显然是高校大学生创业实操技能全面提升的重要影响因素。

技术创新服务主要针对高校大学生创业活动的全面开展提供重要的技术支撑条件，不仅要让其能够深刻意识到创新创业活动要有敏捷的思维，同时还要具备用现代科学技术准确把控创新创业的时机，从而确保创业的成功率。所以，高校创新创业教育道路中，众创空间创新孵化能力必须体现在与技术平台之间的对接频率和次数方面，同时技术成果转化率也是技术创新服务的一项重要指标，由此让高校大学生创新创业机会的把握和成功率得到有力保证。

高校发展与人才服务是高校创新创业教育发展整体水平的集中表现，也是高校创新创业教育众创空间创新孵化能力的整体说明。因此在高校发展层面上，创新创业教育众创空间的建设与发展必须具有极强的注册代理能力，在人才服务方面，必须具备为高校大学生创新创业团队建设与运行输送高质量人才的作用，进而推进高校大学生以创新的视角从事创业活动，并且能够保证创业项目发展的可持续性。

（三）资源集聚

从教育发展角度出发，任何一项工作的质量提升都源自资源的有效整合与优化，因为只有资源的高度充足才能确保教育内容、方法、模式的不断更新，教育质量也随之得到全面增强，教育水平更会实现大幅提升。高校创新创业教育发展道路中，众创空间创新孵化能力的发展显然也不例外。为此，在评价高校创新创业教育众创空间的创新孵化能力过程中，应将资源聚集程度视为重要评价对象之一，其中主要包括创客聚集程度、创业导师队伍建设情况、外部资源链接情况三方面。

高校当前创客的聚集程度是高校创新创业教育众创空间创新孵化能力的重要表现之一，其中包括高校创新创业教育发展中在创客的引进力度和成果。由此确保高校大学生在参与创新创业教育中，能够拥有更为直接和更为理想的指导条件。其中，主要包括的条件有两个，一是行业内部创业团队入驻所在高校的总数，以及创业团队处于怎样的质量水平；二是初创企业入驻高校的数量，以及初创企业的增量如何，这两个条件显然直接影响高校创新创业教育众创空间创新孵化能力的提升效果。

高校当前创业导师队伍的总体情况是高校创新创业教育"软件水平"的总体呈现，更是众创空间创新孵化能力的又一客观呈现。对此，在全面提升高校创新创业众创空间创新孵化能力过程中，必然要将企业导师资源的配备情况作为重点考核对象之一，其中考核的视角要体现在企业导师队伍中的导师数量和结构，以及为学生创新创业提供辅导的总体质量，以此从"软件"层面反映出众创空间的创新孵化能力。

高校当前创新创业教育外部资源链接具体情况是高校创新创业教育外部资源整合情况的总体反映，连接数量和质量越多则说明众创空间可开发的空间越大，反之则不然。这也客观显现出高校创新创业教育众创空间创新孵化能力是否具有充足的保障条件，因此在评价模型的构建中要将其视为不可缺少的评价对象，评价的内容显然要体现在链接外部创新资源的总量和质量两方面。

（四）服务成效

提升高校创新创业教育众创空间创新孵化能力最终的目的是要将服务作用和价值最大程度体现出来，让高校大学生不仅可以形成创新创业意识和思维，同时还能准确把握创新创业的方向和机会，最终确保创新创业项目的成功率和发展的可持续性。针对于此，在评价高校创新创业教育众创空间创新孵化能力的过程中，必然要将服务成效最为一项重要评价内容，内容中要包括财务绩效、社会效益和特色优势三方面。

就财务绩效方面而言，要从服务收入、房租与物业收入、投资收入三方面入手，在一定程度上反映出高校众创空间高校大学生创新创业项目孵化情况，从而说明高校大学生创新创业项目选择的准确性和运行过程的可持续性，让高校大学生创新创业的成功率得以客观印证。

就社会效益方面而言，应将企业创建初期所吸纳的就业人数，以及团队本身所拥有的知识产权数量作为重点关注对象，从而反映出高校大学生创新创业项目本身所具有的就业带动性和社会影响力，这无疑是高校大学生创新创业项目可持续发展，并最终达到高质量高速发展目标不可缺少的重要条件。

就特色优势方面而言，该评价内容主要体现出众创空间对高校大学生创新创业项目所提供的针对性服务是否充足，创新创业项目是否能够具有推动行业发展和社会进步的作用，并且能否得到有关政府部门的高度重视。对此，在评价特色优势过程中，必须包括特色服务案例的多与少、获得奖项的创新创业项目、得到政府大力支持的创新创业项目数量三方面，进而让高校创新创业教育众创空间创新孵化能力的整体水平客观呈现出来。

三、众创空间创新孵化能力成熟度评价模型的总体结构

在评价高校创新创业教育众创空间创新孵化能力过程中，CMM 模型的选定与应用无疑是较为复杂而又系统的工程，由此方可保证评价指标体系的构建，以及评价结果的产生具有高度的客观性与准确性。图 6-4 将众创空间创新孵化能力成熟度评价模型的基本结构组成直观呈现出来，下文中将针对每一个结构进行全面而又深入的论述。

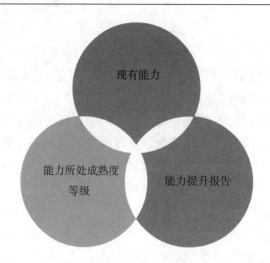

图 6-4　众创空间创新孵化能力成熟度评价模型构成

如图 6-4 所示，在评价高校众创空间创新孵化能力的过程中，必须要针对现有创新孵化能力作出客观的评价，随之要将能力所处成熟度等级进行客观准确的定位，最终形成能力提升报告，为全面提升高校众创空间的创新孵化能力提供极为客观的依据。针对于此，在明确该模型的适用性和影响高校创新创业教育众创空间创新孵化能力要素的基础上，针对该模型的总体结构加以确定，由此为高校创新创业教育众创空间创新孵化能力评价指标体系的构建奠定坚实基础。

（一）现有能力

现有能力主要针对的是影响高校创新创业教育众创空间创新孵化能力的关键性因素，其中包括高校创新创业教育提供的创业导师团队、办公空间、资金保障等。在本书创作过程中，主要针对高校创新创业教育众创空间创新孵化能力培育的全过程，针对其现有的要素进行了细致划分，进而形成创新孵化能力评价指标体系。在此期间，每个评价指标所指向的评价对象都具有较强的独立性，同时更能够保证评价指标体系所具有的深度和广度，以此确保高校创新创业教育众创空间现有创新孵化能力的水平能够客观呈现，让高校创新创业教育众创空间建设与发展有效提高该项能力拥有极为客观的依据。

（二）成熟度等级

CMM 模型最初应用于软件成熟度的评价中，在该模型中将成熟度等级划分作为一项重要结构。针对于此，在选定该模型进行高校创新创业教育众创空间创新孵化能力评价过程中，也将该能力的成熟度等级进行划分。其中主要包括初始等级、可重复等级、已定义等级、已管理等级、优化等级五个等级。

初始等级处于所有等级的最底层，主要针对众创空间在进入到市场之后所呈现出的状态，反映出的往往是创新孵化能力不成熟的一面。可重复等级作为初始登记的延伸级别，在该级别中创新创业众创空间发展经过一定的经验积累，显然针对行业以及市场发展有了一定的认知，进而再创新高孵化能力方面拥有一定的扩张性，是能力初步走向成熟的重要标志所在。已定义等级是高校创新创业教育众创空间建设与发展经过了较长时间的经验积累，在创新孵化能力方面已经呈现出较为成熟的一面，该等级指标往往指向区域专业化的因素。已管理等级主要是指高校创新创业教育众创空间经历了长时间的建设与发展，在经验与资源方面已经形成较为明显的整合，从而让众创空间形成具有特色的品牌，处于高成熟度等级的指标往往能够说明众创空间创新孵化能力具有较强的竞争力。优化等级属于成熟度等级的最高级别，是指高校创新创业教育众创空间经过长时间的打磨，创新孵化能力已经达到行业内部领先水平，并且形成了一套自主能力提升体系，让该项能力可以保持永续提升的状态，而这恰恰是高校创新创业教育提质增效必不可少的因素。

（三）能力提升报告

就 CMM 模型应用的最终目的而言，就是要让高校创新创业教育众创空间的创新孵化能力得到全面提升，提升的策略显然要来自于当前高校创新创业教育创新服务能力所处的状态，以及成熟度等级。其原因在于这两项能够客观反映出高校创新创业教育众创空间创新孵化能力与目标能力之间存在的差距，故而经过对比可以看出该能力在不同的发展阶段呈现出怎样的提升态势。

在此过程中，需要针对每个关键域指标进行层层分析，从而反映出每个环节的具体操作和最终所产生的效果，由此也能从中发现影响高校创新创业教育众创空间创新孵化能力有效提升的主要因素。而这恰恰是能力提升报告所呈现出的主要信息，也是该评价模型在实际应用过程中作用价值的具体呈现。

纵观本节所阐述的观点，可以看出针对高校创新创业教育众创空间创新孵化能力的评价而言，CMM 模型具有极为明显的适用性，其应用价值较为突出，能够针对该能力的提升起到至关重要的推动作用。除此之外，还针对该模型的总体结构进行了明确的论述，这显然为评价指标体系的构建奠定了坚实基础。针对如何确定高校创新创业教育众创空间创新孵化能力评价指标体系，则会在本章最后一节作出系统性的阐述。

第三节　高校众创空间创新孵化能力的评价指标体系

从评价体系的基本构成角度出发，评价标准和评价模型的确定是两个关键环节，前者主要为评价工作提供明确的标准线，达到标准线以上则说明评价对象当前所处的状态能够达到要求，反之则不然。而评价模型主要是以怎样的视角进行评价，最终要体现怎样的结果，所以这两个环节作为评价体系构建过程中的关键条件。但是，评价标准和评价模型的确定显然要围绕评价对象来开展，评价指标体系正是评价对象的集中体现，故而评价指标体系的有效构建就成为评价体系又一必不可少的部分，有效评价高校创新创业教育众创空间创新孵化能力显然也是如此，而这也正是本节中所要呈现的具体内容。

一、评价指标体系构建原则

评价指标体系作为评价模型至关重要的组成部分，其作用就是为评价工作明确具体的方向，让评价对象各个方面的现实情况得到更为客观和全面的呈现，最终通过科学的算法将各项评价指标所反映出的评价结果进行综合分析，得出准确度较高、客观性较强、极具综合性的评价结果，为有效改进其实践方案和实施措施提供强有力的依据，运用 CMM 模型评价高校创新创业教育众创空间创新孵化能力也是如此，必须建立起具有系统性的评价指标体系。在此过程中，以怎样的初衷来建立评价指标体系显然要摆在首要位置，接下来就针对其构建原则作出明确的阐述。

（一）与高校众创空间建设需要高度吻合的原则

虽然我国高校创新创业教育发展大力推行众创空间的全面建设与高质量应用，但不可否认的是该项举措在最近几年内刚刚出台，高校创新创业教育发展道路中无数学者正在进行不断的摸索，其中政府能够提供的支持条件，以及社会能够为之提供的支持条件显然为之产生直接的影响。

就当前我国各级政府以及社会所提供的条件来看，无论是在政策环境方面，还是社会创业团队所提供的支持力度方面，无疑都成就了高校创新创业教育众创空间的建设与发展，特别是在创新孵化能力上表现十分明显。然而随着社会发展步伐的不断加快，我国已经开启全面建设新时代中国特色社会主义现代化强国新征程，"中国创造"代替"中国制造"已经是不争的事实。所以高校创新创业教育众创空间建设与应用过程中，创新孵化能力必须与时代发展所提出的新要求相一致。因此也意味着应用 CMM 模型评价高校创新创业教育众创空间创新孵化能力的过程中，必须与高校众创空间建设需要保持高度吻合。这也是该能力评价指标体系构建的首要原则，也是最基本的原则。

（二）综合性与全面性相兼容的原则

从高校创新创业教育发展角度出发，虽然众创空间建设的力度正在不断加大，高校创新创业教育应用众创空间的力度也在不断增强，但是众创空间是否能够发挥出预期效果显然受到多方面因素制约，从而也导致其创新孵化能力的提升受到多个因素影响。为此，在通过 CMM 模型进行高校创新创业教育众创空间创新孵化能力评价过程中，评价指标体系的构建必须做到可以反映出当前创新孵化能力的实际情况，如果不能达到这一要求必然会导致评价结果的科学性和客观性备受争议。

除此之外，在高校创新创业教育活动中，众创空间的有效应用其实质就是有效运用内部资源和外部资源为高校大学生提供综合性的创业服务，如果内部资源和外部资源有一方运用不够充分，必然会导致为高校大学生创新创业活动的开展过程不能达到理想状态，创新创业项目的选择、创新创业时机的把握、创新创业项目运作流程固然很难趋于理想化。针对于此，在通过 CMM 模型进行高校创新创业教育众创空间创新孵化能力评价过程中，评价指标的确立过程必须做到将内部因素和外部因素摆在同等重要的位置。

（三）代表性原则

在进行高校创新创业教育众创空间创新孵化能力综合性评价的过程中，不仅要做到评价指标全面化选择，同时选择过程要保持较高的要求，更要深刻意识到选择的评价指标能否客观反映出对创新孵化能力发展有着重要影响，并且根据影响程度的高低进行评价指标的确定。

在这里，全面化选择过程并非盲目选择，而是要做到评价指标能够涉及各个环节或过程，并且在该环节或过程中具有一定的代表性。此后，要针对创新孵化能力发展所具有的影响作用大小由高到低进行排序，最终将影响程度相对较低的评价指标进行剔除。这样不仅可以确保评价指标体系既能客观反映出高校创新创业教育众创空间创新孵化能力发展的实际情况，更能让评价指标体系有效进行精简，在一定程度上为 CMM 模型高质量应用提供了强有力的保证。

（四）参照性原则

在高校创新创业教育众创空间的建设与应用的全过程中，广大学者及教育工作者必须紧紧围绕众创空间建设与实施的标准，同时还要依照行业相关规范将其加以全面建设和有效应用，由此才能确保建设水平和应用效果达到最佳。为此，在评价高校创新创业教育众创空间创新孵化能力的过程中，必须以建设和实施的总体标准和行业规范为重要依托，由此确立起明确的评价指标。

在此期间，广大学者及教育工作者必须参照当前国家和所在地区关于众创空间建设的总体要求（已经出台的相关政策和文件），以及行业所制定出的具体规范，通过 CMM 模型进行创新孵化能力成熟度的评价，故此确保评价模型的构建每一环节都是精华所在，同时与评价标准之间保持高度的一致，确保评价结果可以反映出高校创新创业教育众创空间创新孵化能力所处的水平，更能为其能力提升提供极为客观、极为全面、极为准确、极为可行的改进建议。

二、评价指标体系构建的基本工作流程

众所周知，评价指标体系的科学构建是一项极为系统的工程，其中不仅要明确构建的初衷所在，制定出最为科学合理的构建原则，还要明确评价指标体系构建的基本工作流程，由此方可确保具有高度科学性和合理性的评价指标体系最终形成。针对高校创新创业教育众创空间创新孵化能力的评价而言显然也是如此，CMM 模型运用过程中评价指标体系的构建流程显然也极为系统。工作流程必须有两个部分构成，具体如下。

（一）相关文献的高度分析与整理

在进行高校创新创业教育众创空间创新孵化能力评价过程中，深入分析CMM 评价模型的适用性并将其作为评价模型基础，采用归纳与整理相关文

献资料的方法，将该评价模型进行了深度研究，从而确保评价指标体系的构建更加科学合理。在此过程中，通过网络平台和所在学校图书馆文献检索的方式，收集到与之相关的文献资料共计 53 篇，主要研究的领域包括了高校创新创业教育、众创空间、资源整合与优化、成熟度模型、孵化器等领域，为该模型评价指标体系的科学构建奠定了坚实的理论基础。

在进行相关文献资料的分析与整理之后，将文献资料所展示的研究成果和提出的研究观点进行了归纳，从中找出可参考和借鉴的部分，并且将其进行有效的存储。与此同时，再结合 CMM 模型构建与应用过程中需要关注的侧重点进行明确的标注，确保评价指标不仅能够体现出全面化和代表性的特征，更能具有动态化色彩，由此确保高校创新创业教育众创空间创新孵化能力的评价能够体现出具有动态性的评价结果，以此为该能力的可持续提升提供重要的理论保证。

（二）积极组织专家进行讨论

通过文献资料的收集、分析、整理归纳其研究成果和观点，找出可参考和借鉴的研究观点，并且将其注意事项加以高度明确之后，随即组织所在学校和本省高教司有关专家进行讨论，将 CMM 模型所涉及的相关评价指标进行了制定，并且经过多次讨论最终将评价指标体系内部的相关指标进行不断完善。在此过程中，主要的操作流程由两个步骤构成。

步骤一：邀请本校富有多年工作经验，并且在创新创业教育发展中取得重要成就的教育工作者，以及学校所在的省高教司创新创业教育主管部门工作人员，针对创新创业教育众创空间创新孵化能力指标进行理论基础层面的探讨，明确在高校创新创业教育发展道路中，众创空间建设与发展必须将创新孵化能力视为重中之重，同时将相关理论进行了深入挖掘，为 CMM 模型评价指标体系的构建夯实了理论基础。

步骤二：邀请学校所在地区的众创空间管理工作人员，以及从事众创空间建设与运行的工作人员，将适用于 CMM 模型的高校创新创业教育众创空间创新孵化能力评价指标体系进行了全面构建，并且将构建结果与所在学校相关专家，以及本省高教司有关专家进行多次讨论，最终将适用于该模型的高校创新创业教育众创空间创新孵化能力评价指标体系加以高度明确，确保所有评价指标都能体现出当前高校创新创业教育众创空间创新孵化能力的实际情况以及在该能力发展的各个阶段所处的等级情况。

三、评价指标体系的产生

在明确高校创新创业教育众创空间创新孵化能力评价指标体系构建原则，以及构建的基本流程基础上，随之而来的就要针对评价指标体系内所包含的主要评价指标加以高度明确。为此，首先通过如图 6-5 所示将评价高校众创空间创新孵化能力的内容直观呈现出来，随后在下文中会针对每项评价内容所包括的具体评价指标作出系统性阐述，以此确保评价结果更加科学、客观、准确。

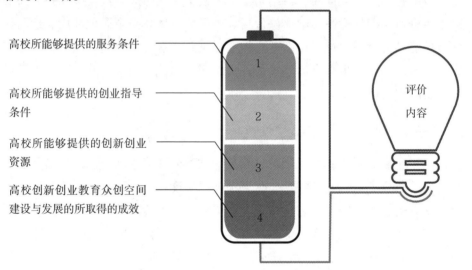

高校所能够提供的服务条件

高校所能够提供的创业指导条件

高校所能够提供的创新创业资源

高校创新创业教育众创空间建设与发展的所取得的成效

评价内容

图 6-5　高校众创空间创新孵化能力评价指标基本构成

如图 6-5 所示，在客观而又准确评价高校众创空间创新孵化能力的过程中，评价内容必须做到具备高度系统性，并且评价内容中既要包括一级评价指标，同时还要包括相关二级评价指标，由此方可确保评价结果具有高度的综合性和客观性，能够反映出高校众创空间创新孵化能力现实状况的同时，更能为有效改进其构建与发展策略提供重要依据。针对于此，在接下来的观点阐述过程中，主要针对评价指标体系的基本构成要素进行明确，而详细的评价指标体系则会在附录中呈现。其中评价指标体系主要由四部分组成。

（一）高校所能够提供的服务条件

该关键域内的评价指标主要针对高校在创新创业教育众创空间建设与发展中，为高校大学生和企业团队提供的办公场地、设备与设施、管理人员综合素质、管理工作运行模式，是高校创新创业教育众创空间创新孵化能力发展道路中必须具备的基本条件，这些条件在众创空间最初进入市场时必然会存在一定的不成熟性，在经过一段时间的经验积累后，必然会得到提升，而这也是影响高校创新创业教育整体质量水平最基本的要素。

（二）高校所能够提供的创业指导条件

该关键域内的评价指标主要是指高校创新创业教育众创空间建设与发展道路中，能够为广大高校大学生提供的教育培训力度，以及创业活动交流的机会、技术支撑条件、投资与融资指导等多个方面。这些指标显然都是高校创新创业教育众创空间经过一段时间的经验积累后，逐渐将创新创业项目和项目实施流程取得的成功条件转化为教育成果的具体表现，在经过长时间的经验积累后这些指标等级依然会得到进一步提升，而这也是影响高校创新创业教育整体质量水平的重要因素所在。

（三）高校所能够提供的创新创业资源

该关键域内的评价指标主要体现在高校创新创业教育众创空间所整合的资源方面，主要包括创业团队的数量、创业团队的增量、创业导师队伍的总体规模、社会相关领域链接的数量与质量等。这些指标显然是高校创新创业教育发展道路中，众创空间趋于专业化的具体体现，经过长时间的经验积累后上述指标必然会在等级上得到提升，最终对提升高校创新创业教育整体质量水平起到至关重要的作用。

（四）高校创新创业教育众创空间建设与发展所取得的成效

该关键域内的评价指标主要体现在高校创新创业教育众创空间建设与发展所取得的成果，其中包括市场收入情况、投融资成果、已经实现就业的人数、获得的政府支持项目个数、获奖项目数量等。这些指标显然都是高校创新创业教育重创空间经过长时间反复打磨最终呈现出的成绩，在经过长时间磨练之后必然还会有更多的突破，最终对提升高校创新创业教育整体质量水平起到决定性作用。

四、评价模型的产生

从评价模型构建全过程出发，明确评价指标体系构建的原则，并且将评价指标体系构建的基本工作流程进行全面部署，最终形成较为完整的评价指标体系显然是极为关键的，更是极为基础的一环，但做好上述工作并不意味评价模型就此形成，真正将其转化为现实还需要有其他环节作为重要支撑。其中，科学而又准确地进行评价指标权重的计算，同时高度明确评价体系运行过程中的具体算法则是不可缺少的两个环节。

（一）指标权重的有效确定

在 CMM 模型构建与应用过程中，针对高校创新创业教育众创空间创新孵化能力评价指标权重的计算主要以变异系数法作为依据，其中差异性越大的指标在实际操作过程中就意味着很难将其转化为现实，而这些指标往往在实践过程中会对评价对象产生极为深刻的影响，这也说明差异性较大的指标往往在实际操作中存在的现实差距。针对高校创新创业教育众创空间创新孵化能力而言，每个关键要素的实现必须高度符合这一规律，因此在计算评价指标权重过程中，通过变异系数法将其加以确定，并且有针对性地进行权重分配，这样不仅可以保证评价结果能够反映出客观事实，同时更能为有效改进提升高校创新创业教育众创空间创新孵化能力提升策略提供可靠的依据。在此期间，具体操作主要由三个步骤构成。

步骤一：通过变异系数的计算，将指标量纲的影响加以有效消除。其中，计算公式为：$V_i = \dfrac{\delta_i}{\overline{X_i}}$（$i$=1，2，3，…，$n$）。在该计算公式中 V_i 指的是第 i 项的变异系数，而 δ_i 指的则是第 i 项的标准差。$\overline{X_i}$ 顾名思义，指的就是第 i 项指标的平均数。

步骤二：通过变异系数的计算结果，为评价指标赋权。其中，各项评价指标权重的计算公式为：$W_i = \dfrac{V_i}{\sum_{i=1}^{n} V_i}$。在该指标权重计算公式中，$W_i$ 指的就是第 i 项评价指标的权重，而 n 所指的就是在这一关键过程域内所包含的评价指标数量。

步骤三：明确关键过程域（或者关键实践要素）下的关键标量指标的变异系数之和与所有变异系数之和的比值就是关键过程域，以及关键实践要素本身的权重所在。

（二）计算方法的高度明确

在通过 CMM 模型进行高校创新创业教育众创空间创新孵化能力评价过程中，针对评价指标体系相关要素进行综合计算时，所采用的计算方法为灰色关联度分析法。在该算法中，以评价指标序列曲线的集合形状为依托，用几何形状的相似度来辨别评价指标之间所存在的内在联系，几何形状越为相似就说明彼此之间的相似度越高，表明彼此之间的内在联系越为紧密。针对高校创新创业教育而言，众创空间本身所具有的创新孵化能力已经设定了不同的等级目标，只需要将众创空间创新孵化能力中的各个要素与相对应的等级目标进行对比，就能够判断每个要素在创新孵化能力发展方面处于怎样的水平，进而对创新孵化能力所处于的成熟度进行科学认定，这显然可以说明高校创新创业教育众创空间创新孵化能力发展的总体水平，以及与设置好的等级目标之间所存在的差距就是可提升空间，进而为其提高该能力指明方向。

综合本章各节所阐述的观点，不难发现针对高校创新创业教育众创空间创新孵化能力进行有效评价是一项极为系统的工程。其中不仅要高度明确评价高校创新创业教育众创空间创新孵化能力的具体标准，同时还要将高度试用的评价模型（即 CMM 模型）有效引入进来，同时还要针对其评价指标体系加以科学构建，由此方可确保高校创新创业教育众创空间创新孵化能力所体现出的具体水平客观呈现出来，为有效增强该能力提供极为可靠的依据，同时也为众创空间更好推动高校创新创业教育发展指明方向。就后者而言，在本书最后一个章节中会作出系统性的阐述。

第七章 众创空间与高校创新创业教育结合的发展策略

在之前的 6 个章节中，已经针对当今高校创新创业教育发展的基本情况和趋势，以及众创空间在高校创新创业教育发展中所具有的推动作用和具体作用表现等多方面进行了全面分析，并且还指出创新孵化能力不断提升作为推动作用实现最大化的关键。如何确保众创空间更好地推动高校创新创业教育发展就需要进行更深层次的挖掘，在本书最后一个章节就以此为中心进行深入的研究与探索，希望能够为广大高校创新创业教育工作者和有关学者带来一定的帮助。

第一节 力求与师生和现代技术"双对接"

毋庸置疑的是，成功的教育不仅要具备教师与学生之间保持理想沟通这一基本前提条件，更要具备先进的教育技术这一重要保障条件。高校创新创业教育发展道路中，确保其走向成功依然要具备上述两个基本条件，特别是在众创空间建设与运用过程中，更要确保创新创业教育与师生和现代技术之间的有效对接，由此能让众创空间更好推动高校创新创业教育发展拥有较为理想的基础和保障，本节就立足这两方面进行观点阐述。

一、高校创新创业教育与师生的对接

教师与学生无疑是教育教学活动必不可少的要素，前者是施教主体，后者是教学主体，而这之间能否实现信息的有效传递最终会影响教育教学活动的最终效果。为此，高校创新创业教育活动开展过程中，众创空间全面发挥出重要的推动作用先要确保高校创新创业教育与师生之间形成有效对接，力

求众创空间所提供的创新创业教育平台能够让教师和学生高度接受，最终形成"专创高度融合"的高校创新创业教育新局面。

（一）高校创新创业教育与专业教育工作者之间的对接

"教师"作为教育教学活动的施教主体，是学生在探索新知识、掌握新技能、培养和强化新能力、培育综合素养道路中的指路人，教师以怎样的视角看待教育教学工作必然直接关乎教育教学的整体质量，以及未来的发展方向。高校创新创业教育的发展就是要让学生能够在掌握专业知识、专业技能、专业能力、专业素养的同时，也能够以创新创业的眼光探索自身未来发展道路，让自身社会作用和价值实现最大化。高校专业教师、创新创业教育工作者、创业导师之间能够将其加以高度明确，那么高校创新创业教育理念必然能够与时代发展的步伐相一致，高校人才培养也必然会达到更高质量，众创空间的建设与发展显然是由创新创业教育工作者和创业导师来完成，二者与专业教师之间形成有效对接必然可让上述目标转化为现实。在这里，需要高度注意两个方面。

第一，高校创新创业教育与专业教育科研工作的相对接。由于科研工作作为高校创新创业教育和专业教育发展的动力所在，专业教育中的新内容、新教法、新模式的研发必然会促进专业教育质的提升，创新创业教育科研工作中的新项目、新创意、新方案无疑确保创新创业教育质量水平的不断提高，而这也正是众创空间建设与发展的"灵魂"。所以高校创新创业教育与专业教育工作者在科研工作中形成有效对接，必然会让专业教育拥有更多的创新创业成功案例作为支撑条件，创新创业教育也必然会围绕专业教育发展实现质的飞跃。

第二，高校创新创业教育与专业教育教学实践活动的相对接。教育教学实践活动是高校日常工作的主体，实践活动能否促进高校大学生全面发展直接反映出高校教育的总体质量。为此，在高校创新创业教育发展道路中，教育教学活动既要尊重学生专业领域的发展，更要注重学生创新创业意识、思维、能力的全面培养，最终形成专业教育与创新创业教育目标相兼容、教育教学内容高度融合、教育教学方式与方法高度适用的教育教学实践新模式，而这无疑是高校创新创业众创空间建设与运用的最终效果呈现，也是高校创新创业教育不懈追求的目标所在，更是高校创新创业教育与专业教育工作者实现有效对接所展现出的理想效果。

（二）高校创新创业教育与不同专业学生之间的对接

高校创新创业教育的最终目的是要将高校大学生培养成为创新创业型人才，更好地服务于新时代中国特色社会主义创新型现代化强国建设。因此，这就需要高校创新创业教育真正与各个专业学生之间形成无缝对接，确保学生在学习专业知识、掌握专业技能、培养专业能力、培育专业素养的过程中，始终能够结合专业领域的发展，谋求创新创业道路，切实用创新创业项目拉动高校大学生社会就业，为中华民族的伟大复兴贡献出一份力量。

针对于此，高校创新创业教育活动与不同专业学生之间形成有效对接不仅要体现在全过程上，更要体现在全员化和全方位两个维度上。其间，既要做到创新创业教育平台能够满足不同专业学生创新创业意识、思维、能力培养的切实需要，更要做到创新创业教育资源的丰富性和创新创业教育活动组织形式多样性有利于引领学生全面发展，由此确保高校创新创业教育与专业教育实现深度融合。在此期间，众创空间作为各领域创新创业项目的集合，不仅资源平台较为广阔，同时能够为高校大学生创新创业学习活动提供极为真实的实践空间，所以不仅有利于创新创业教育理论与实践相结合，以及专业教育与创新创业教育的高度融合，还能让高校大学生创新创业综合能力全过程、全员化、全方位的培养成为现实，确保高校创新创业教育与不同专业学生之间实现理想化的对接。

二、高校创新创业教育与现代技术的对接

就高校创新创业教育发展角度出发，借助理想的资源平台和教学平台开展形式多样的教学活动无疑是全面提升高校创新创业教育质量和水平的关键条件。基于此，实现高校创新创业教育与现代技术相对接就成为一项硬性条件，在该条件作用之下，众创空间也能够为高校创新创业教育发展提供强大的推动力。

（一）网络资源平台的构建

从当今我国网络化发展的进程来看，权威机构"智研咨询"针对2020年我国网站建设的行业发展动态进行了数据统计，明确指出我国当前各类网站建设的总数量已经超过370万个，总量之大完全可以称之为网络大国。再从当今中国特色社会主义事业建设与发展的目标规划角度出发，将我国打造成为新时代中国特色社会主义现代化强国更是一项基本任务，将我国

建设成为新时代创新型现代化强国则是目标的根本体现，所以诸多网站链接都紧紧围绕创新创业来建设和完善。高校作为新时代高质量人才培养的摇篮，创新创业型人才培养无疑是高校高质量人才培养的重要使命，因此各级政府在高校创新创业教育发展方面不断出台强有力的政策和文件，确保理想的教育资源和载体能够真正为推进高校创新创业教育发展所服务。

综合以上两点不难发现，当今时代背景下的高校创新创业教育发展必须做到海纳网络资源，将众创空间建设与发展的方案进行广泛整合，并成为高校创新创业教育网络资源平台的重要资源补充渠道，让大数据、云计算、云存储等现代技术服务于高校创新创业教育网络资源平台建设与发展过程之中，为高校众创空间建设与发展方案完善性与合理性的全面提升发挥出重要推动作用的同时，确保高校创新创业教育高质量发展能够拥有较为理想的资源保障条件。

（二）网络教学平台的搭建

教学工作显然是高校创新创业教育活动的主体，教学活动以怎样的形式开展必然会对教育质量造成直接影响。为此，在高校创新创业教育活动中，众创空间充分发挥其推动作用关键在于将教学形式加以丰富，运用现代技术实现教学形式的拓展自然必须成为关注的重点方向。在这里，搭建起网络教学平台就成为一项重要任务，也是实现高校创新创业教育与现代技术对接的重要抓手，具体操作应体现于以下三方面。

第一，开拓专属于众创空间的高校创新创业教育载体。毋庸置疑的是，随着我国网络信息技术的飞速发展，教育技术正在不断更新换代，众多功能强大的教育软件已经成为全面推进我国教育事业发展的中坚力量。因此，围绕众创空间的高度利用，有效选择适用于高校创新创业教育教学工作的教育软件就成为提质增效的重要突破口。

第二，确立多样化的网络教学平台构建方向。就当前现有的高校网络教学载体来看，应用最为广泛且效果普遍较为理想的教学载体在于"双师课堂""大学慕课""翻转课堂"等，"教"与"学"的过程普遍在于以学生深度学习为中心，强调为学生提供最直接、最有力的指导和服务。因此，针对高校创新创业教育众创空间的有效利用而言，"双师课堂""大学慕课""翻转课堂"显然是网络教学平台构建的理想方向。

第三，建立高校创新创业教育众创空间教学平台。在围绕众创空间的有效利用，明确高校创新创业教育网络教学平台构建的大方向基础上，随即要针对"双师课堂"和"翻转课堂"的运作流程，以及"慕课"计划与活动安排加以明确，进而确保高校创新创业教育活动中，众创空间网络教学平台具有种类多样、便捷程度极高、实用性极强的特点，更好地服务于高校大学生创新创业意识、思维、能力的发展。

纵观本节所阐述的具体内容，可以看出在高校创新创业教育发展道路中，众创空间推动作用的充分发挥重要前提就是创新创业教育与教师，以及现代教育技术之间形成"双对接"。其目的在于创新创业教育真正与专业教育实现相互融合，同时众创空间为高校大学生提供指导与服务的途径更加丰富，这无疑确保众创空间在高校大学生创新创业意识、思维、能力的培养与发展提供教育理念和教育技术层面的保障，更是高校创新创业教育质量与水平全面提升的有力推手。

第二节　力求高校创新创业教育校本化与教育联盟并行

结合新时代高校创新创业教育发展所面临的新机遇和新挑战来看，发展之路中必须要有理想的载体作为支撑，我国已经相继出台多条有关政策和文件，加大众创空间的建设力度，其目的就是要将我国建设成为新时代中国特色社会主义现创新型国家，达到高度的现代化，高校创新创业教育发展更是以此为重要使命。所以，"言之有物""行之有恒"就成为关键中的关键，达到这一目的就需要将创新创业教育校本化与教育联盟并行放在重要位置。对此在将其转化为现实的过程中，如图7-1所示明确实现方案所包括的侧重点，并且在下文中会针对每一个侧重点作出详细说明，望广大高校创新创业教育工作者可以从中受到一定启发。

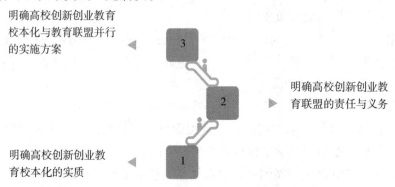

明确高校创新创业教育校本化与教育联盟并行的实施方案

明确高校创新创业教育联盟的责任与义务

明确高校创新创业教育校本化的实质

图 7-1　高校创新创业教育校本化与教育联盟并行的实现方案

如图 7-1 所示，在高校创新创业教育活动中，众创空间的有效应用最终的目的就是要让高校能够建立专属于创新创业教育，并且具有高度校本化特征的教育平台，而实现"校本化"与"教育联盟"并行则是关键中的关键，其间，需要广大高校创新创业教育工作者围绕上述三方面进行深入分析。接下来，立足众创空间的引进对推动高校创新创业教育实现校本化与教育联盟并行的方案加以阐述，由此确保众创空间在新时代高校创新创业教育发展中的推动作用得到进一步体现。

一、高校创新创业教育校本化的实质

高校创新创业教育发展道路中，众创空间的有效融入并且在教育实践活动中发挥出重要推动作用必须具备一个重要的先决条件，即高校创新创业教育的校本化发展之路。其根本原因在于两方面：一是高校在众创空间建设方面都会有独特的视角；二是高校创新创业教育活动开展的实际情况各不相同。所以按照统一的要求去规定高校创新创业教育发展之路显然会制约其发展，"校本化"固然成为众创空间推动高校创新创业教育发展的重要前提。在此过程中，真正实现高校创新创业教育校本化必须先将其实质进行全方位解读。

（一）创新创业教育工作模式的校本化

校本课程建设是教育教学工作走向校本化的标志性特征，高校创新创业教育走向校本化发展道路显然要将校本课程建设视为重中之重。其间，首环在于创新创业教育工作模式实现校本化。在此过程中，在教育教学组织形式上、教育教学管理工作方式上、教育教学工作的方法与手段上、教育教学工作的评价方式上都要体现出学校固有的特征。

就教育教学组织形式而言，要强调创新创业理论与实践相结合、专业教育与创新创业教育实践相结合，并且将当地和其他地区创新型企业作为重要教育资源，从而形成线上与线下教育互动、理论联系实际的高校创新创业教育特征，展现创新创业教育教学组织形式的校本化特点。

就教育教学管理工作方式而言，既要针对课程设置的合理性进行深入分析，同时还要确保对具有学科交叉色彩的课程进行有效研发，另外还要针对课程资源进行全面的整合与开发，由此方可确保高校创新创业教学不仅能够适应本校学生创新创业意识、思维、能力培养的需要，还能充分彰显出创新创业教育课程模式独有的特色。

就教育教学工作方法与手段而言，"方法与手段"作为教育教学工作走向成功的桥梁，方法与手段的多样化必然会确保教育教学工作通往成功的桥梁越多，教育教学质量和水平也随之得到提高。高校创新创业教育教学工作的开展固然也是如此。其间，教师或创业导师团队可以通过实际教学经验和现有教学资源，有效开发能够促进高校大学生创新创业意识、思维、能力培养的教学方法或手段，这不仅体现出高校创新创业教育校本化特征，更能确保创新创业教育成果的最大化。

就教育教学工作的评价方式而言，是全面保证教育教学质量的关键性条件，其中教育教学组织形式、管理方式、方法与手段体现校本化特征的同时，教育教学评价工作自然也要体现出校本化色彩。其中无论是在评价标准的制定、评价原则的明确、评价方法的选择上，还是在评价指标体系的构建上都要体现出独有的视角，让高校创新创业教育成为高校大学生迈向全面发展的重要阶梯。

（二）创新创业教育教材的校本化

教材作为教育教学工作的信息集合，是学生学习新知识、培养新能力、掌握新技能的信息来源所在，所以校本课程的开发与建设应将校本教材的研发放在重要位置，高校创新创业教育校本课程建设更是如此，教材的校本化应该体现在三方面。

第一，教材目标的校本化。众所周知，教材的开发显然以新课程标准为依托，教材目标通常反映出新课程标准中人才培养目标，既包括知识与技能方面，又包括能力与方法方面，还包括情感态度与价值和立德树人方面。高校创新创业教育关于教材的开发显然也要以国家颁布的相关政策和要求为依托，强调在学生创新创业意识、思维、能力方面的协同发展，成为中国特色社会主义创新型现代化强国建设的创新创业型人才，进而成为具有鲜明特征和优势的高校创新创业教育教材目标。

第二，教材内容结构的校本化。在通常状态下，教材的内容结构基本特征极为明显，即教材目标、理论知识、实践启发、课后思考，"中规中矩"是教材结构特点的真实写照，高校创新创业教材显然也不例外。然而，面对当今时代为高校创新创业教育发展所提出的新要求，理论联系实际、专业教育是创新创业教育相融合成为基本要求，通过多样化的教育载体促进高校大学生创新创业综合能力的发展显然成为关注的焦点，教材内容结构显然需要与之相适应，将其转化为现实自然能够成就高校创新创业教育教材内容结构的校本化。

第三，教材内容的校本化。教材内容是指教学活动中向学生传递的教育信息，所以在教育教学活动三要素中，教材是必不可少的一项重要因素，高校创新创业教育活动的开展显然要有一套内容丰富并且实用性极强的教材作为支撑条件。其间，实用性极强意味着现有教育资源能够为之提供帮助，内容丰富意味着信息能够满足学生创新创业意识、思维、能力发展的各种需要。针对于此，围绕上述两个要求打造出的高校创新创业教材无疑在内容上具有校本化特征。

（三）创新创业平台的校本化

创新创业平台作为高校创新创业教育活动全面开展的重要载体，平台本身的适用性必然会直接影响高校创新创业教育质量，更关乎高校创新创业教育水平。为此，在探索高校创新创业教育发展道路的过程中，打造出高度适合本校学生实际情况，同时能体现本校创新创业教育特色的创新创业平台无疑是关键中的关键，这也是高校创新创业教育走向校本化道路不可缺少的元素之一。面对高校创新创业教育发展进程的不断加快，众创空间建设与发展发挥的作用愈加突出，依托众创空间打造校本化高校创新创业平台无疑是重要突破口，接下来就针对创新创业平台校本化的实质进行具体解读。

第一，平台模块的校本化。高校创新创业平台通常以"实体"和"非实体"相兼容的形式存在，前者指的就是能够为高校大学生提供创新创业实践活动空间的平台，后者通常是指网络资源平台，所包括的模块更是极为系统，是平台的基本架构组成。为此，校本化显然要以模块的校本化为起始点，不仅能够满足广大高校大学生创新创业学习活动，更能以最直观的形式体现出高校创新创业平台脚本化特征。

第二，平台资源的校本化。正所谓资源决定成败，任何活动顺利开展的重要前提就是要有充足而又实用性极高的资源，高校创新创业教育发展道路中，众创空间能否发挥出重要的推动作用关键在于资源本身是否充分，并且实用性能否达到实践要求，如场地设施、导师队伍、创新创业项目与实践方案等。针对于此，打造校本化的高校创新创业平台资源就成为重要着眼点，也是创新创业平台校本化的重要象征。

第三，平台信息的校本化。这里所指的主要是网络资源平台，其中信息能否与在校大学生创新创业诉求相吻合显然会直接影响其创新创业的热情。其中创新创业教育培训信息的校本化、交流服务信息的校本化、校外相关资源链接的校本化等，都是创新创业平台校本化的重要标志。

二、高校创新创业教育联盟的责任与义务

中国高校创新创业教育联盟，于 2015 年 6 月 11 日在清华大学成立，首批 137 所高校和 50 家企事业单位、社会团体。中国高校创新创业教育联盟的成立是汇聚社会力量、推进高校创新创业教育改革的积极探索，恰逢其时，意义重大。在探索众创空间更好推动高校创新创业教育发展的策略过程中，实现高校创新创业教育校本化与教育联盟并行需要分三步走，明确高校创新创业教育校本化的实质只是第一步，而高度明确高校创新创业教育联盟的责任与义务则是中间环节，由此方可确保高校创新创业教育校本化与教育联盟并行的实施方案得以科学确立。以下立足中间环节作出全面论述。

（一）优化组织建设

高校创新创业教育联盟作为我国全面推进高校创新创业型人才培养的重要路径，更是全面加快我国高校创新创业教育质量的重要抓手所在，众创空间的全面引进并且不断强化创新孵化能力就是最为直接的体现。高校创新创业教育的发展显然要立足高校创新创业教育联盟所提供的发展思路和丰富的众创空间建设资源，由此方可确保众创空间切实成为高校创新创业教育发展的有力推手。在这里，明确高校创新创业教育联盟的责任与义务过程中，深层挖掘优化组织建设作用显然应摆在第一位，具体操作步骤如下。

步骤一：创立高校创新创业教育"子联盟"。学校要依托设立在清华大学校园内的高校创新创业教育联盟建立合作关系，建立独属于本校和教育联盟的"创新创业教育子联盟"，并且诚邀教育联盟权威人士作为"子联盟"名誉主席，同时学校也要成立管理组织和科研组织，从事"子联盟"的健康运行与发展和众创空间建设研发工作，力求高校创新创业教育能够依托众创空间实现水平和层次上的不断提升。

步骤二：依托高校创新创业教育联盟资源共享平台打造学校创新创业教育资源优势平台。高校明确与创新创业教育联盟之间的所属关系，并且确立管理和科研组织结构的基础上，随之要结合高校创新创业教育联盟资源共享平台中的优势资源，针对众创空间建设与发展所取得的成果，以及所积累的成功经验和教训进行具体分析，并找出本校在众创空间建设与发展中存在的薄弱环节和优势条件，从而打造出学校创新创业教育资源优势平台。

步骤三：维护高校创新创业教育资源平台的共建、共享、共同维护格局。

在与高校创新创业教育联盟共同打造资源优势平台的基础上，还要明确在资源平台的资源共享和平台维护方面必须做到共同承担，并且设有专人负责沟通和交流，力求高校创新创业教育联盟和学校创新创业教育资源平台在众创空间建设方面，始终拥有源源不断的新项目、新方案、新思路，以此确保高校创新创业教育能够依托众创空间实现又好又快发展。

（二）深化学术研究

学术研究是全面提高教育质量的有力抓手，是全面加强学科建设的有力保证，教育科研工作的全面开展往往也是在学术研究活动的基础上全面实施，高校创新创业教育发展显然也要不断进行学术层面的深化与交流，由此方可探索出众创空间有效融入高校创新创业教育的具体实施方案，这也是高校创新创业教育联盟的具体责任和义务所在。在此期间，广大高校创新创业教育工作者必须深刻意识到目标实现的着力点所在，并且还要针对其着力点不断进行深入分析，由此方可确保深化学术研究活动的开展效果更加趋于理想化。图 7-2 以更加直观的方式将着力点一一呈现出来，并在下文的观点阐述过程中，会立足其着力点进行深入的分析，从而确保高校创新创业教育发展道路中，众创空间的载体作用能够得到进一步发挥。

图 7-2　高校创新创业教育众创空间深化学术研究活动的着力点

如图 7-2 所示，在高校创新创业教育活动中，切实做到通过众创空间深化学术研究活动是一项系统工程。其间，既要针对学术研究平台不断进行扩展，同时还要开展实时性的调研活动，由此方可确保学术研究活动促进高校创新创业教育提质增效。接下来就立足以上三个着力点，将具体的实施过程作出明确阐述。

1. 开设"大众创业、万众创新"学者专栏

该专栏不仅仅强调国内有关学者针对"大众创业、万众创新"内涵与实践路径的全新解读，还要包括国外学者分享关于创新创业实质的深层分析，让众创空间建设与发展的前沿思想能够进入到高校创新创业教育活动之中，成为我国创新创业型人才培养，并且将我国建设成为新时代创新型社会主义现代化国家的重要推动力量。

2. 全面加强"未来创课共享行动"的组织与实施力度

"创课"的核心思想在于高校专业教育与创新创业教育之间的相互融合，进而形成创新创业教育贯穿于专业教育活动的全过程，专业教育始终围绕学生创新创业意识、思维的开发来开展教育教学活动，从而形成"新工科""新农科""新文科"等交叉学科。但是二者之间的有效融合需要有理想的载体作为支撑条件，众创空间显然是极为理想的选择，通过成功的创新创业案例打造出高校创新创业专业课程群。

3. 有效开展高校创新创业教育众创空间建设调研活动

高校创新创业教育伴随时代发展步伐已经进入到崭新的发展阶段，众创空间作为高校创新创业教育平台的升级版，在全国范围内已经得到了广泛的重视，但是在成果转化上依然还有极大的空间可以挖掘。针对于此，高校创新创业教育联盟注重众创空间的建设与运用，高校在参考和借鉴成功案例和资源的同时，必须做好全国范围内的高校创新创业教育众创空间调研活动，从而方可更好地以彼之长补己之短，成就高校创新创业教育联盟以众创空间推动高校创新创业教育的发展。

（三）拓展资源平台

高校创新创业教育联盟的建设与发展显然要与时代发展步伐相一致，同时还要做到与新时代中国特色社会主义建设所提出的要求高度吻合，由此方可确保高校人才培养与输出，全面加快新时代中国特色社会主义现代化强国建设步伐。面对当今时代的发展，众创空间已经成为推进"大众创业，全民创新"速度的重要载体，高校创新创业教育联盟建设与发展由此也更加注重将众创空间的全力引入和运用。然而，高校创新创业教育联盟发展的可持续性极强，拓展资源平台固然是最为重要的保证，而这也是高校创新创业教育

联盟的责任与义务的重要体现，其中就包括帮助广大高校创新创业教育众创空间资源平台的深层拓展。

1. 大力举办全国范围内的高校大学生创新创业成果大赛

众所周知，大学生创新创业的热情来自外界对其成果的高度肯定，只有为其搭建较为广阔的平台，让更多的人深刻认识到创新创业成果，广大高校大学生才会更加积极主动地为之付出不懈努力。针对于此，高校创新创业教育联盟要联手国内众多高校，积极主办大学生创新创业成果大赛，让更多的大学生在创新创业实践成果上拥有获得外界专业人士高度肯定的机会，同时将优秀成果上传至资源平台，在无形中可促进高校创新创业教育众创空间建设的完善性不断提高，最终成为国内广大高校创新创业教育众创空间建设与发展理想的资源保障条件。

2. 全力落实创业新星计划

"创业新星计划"作为促进"互联网＋创新创业教育"模式深化落实的一项重要举措，其根本目的就是要让社会创业团队能够通过多种形式进入高校创新创业教育活动之中，从而实现创新创业资源的高度共享。为此，在高校创新创业教育联盟大力推进众创空间进入高校创新创业教育，并且得到有效运用的过程中，必须将该计划的全力落实放在重要位置，高校创新创业教育众创空间资源也随之得到有效拓展。

3. 推进全国"校""企""行"对接活动开展

各行各业的又好又快发展必须要有明确的标准和清晰的方向作为基础，高校大学生创新创业项目的选择、机会的把握、实施方案的构建无疑要与行业发展大环境高度一致。为此，在高校创新创业教育活动中，学校、企业、行业三要素缺一不可，而将这三个要素有效整合的平台显然是众创空间，整合的过程自然也是学校创新创业教育资源平台拓展的过程，众创空间在创新创业教育实践中的作用和价值发挥也必然会实现最大化。

（四）加速对外交流

毋庸置疑的是，教育的发展之路在于"引进来"和"走出去"，"闭门造车"永远不能让教育走向发展的最前沿，高校创新创业教育发展更是如此，众创空间有效融入高校创新创业教育之中，并且实现应用效果的最大化更是如此。高校创新创业教育联盟作为全面推进我国高校创新创业教育发展速度的重要载体，众创空间的建设与有效应用显然为广大高校指明了方向，但是在实际运用过程中怎样才能更好地将其作用和价值最大程度发挥出来，无疑要全面加速对外交流的脚步，这无疑是高校创新创业教育联盟的一项重要责任和义务。其间，具体操作包括三个方面。

1. 高度重视国际高校创新创业项目"交流周"

放眼全球，经济发展速度较快的国家高校创新创业教育发展的成就普遍较为显著，众创空间在全球高校创新创业教育活动中已经得到普遍深化和落实，中国经济发展在全球范围内速度较快已是共识，创新创业教育发展显然要与之同步。为此，与其他国家之间保持频繁的创新创业项目交流活动自然是必然之选，因为博采众长才能广泛取其精华，最终成就中国创新创业教育的发展，众创空间建设与运用的效果自然会得到可持续提高。

2. 加大未来创意设计大赛的开展力度

高校创新创业教育发展显然是要面对中国未来社会主义事业建设与发展，"创意"无疑是确保中国全面建成新时代创新型国家的根本所在，所以当今时代背景下高校创新创业教育必须将重点放在学生创意引导方面，在全球范围内不仅中国的企业和创业团队更加注重创新创业项目的创意，其他国家同样高度重视。故此，在高校创新创业教育众创空间的建设与发展中，要以"视角走出去"的姿态在全球范围内感知其他高校创新创业教育的创意来源，而加大未来创意设计大赛的开展力度显然是明智之选。

3. "来访日"要作为高校创新创业教育日常活动的重要组成部分

该项措施显然是将先进的高校创新创业教育思路与成果成功"引进来"的重要途径，高校创新创业教育联盟不仅要发挥组织协调作用，更要做好统筹规划工作，确保全球范围内的高校创新创业教育先进思想和成果能够顺利进入到各高校创新创业教育活动之中，让众创空间在高校创新创业教育发展中的建设与应用方案得到不断优化或改进，以此让高校创新创业教育众创空间创新孵化能力可持续提升拥有理想的保障条件。

三、高校创新创业教育校本化与教育联盟并行的实施方案

高校创新创业教育发展历经 20 余年的艰辛，已经形成以众创空间建设

为重要依托的发展新局面。其间，创立高校创新创业教育联盟和全面推进高校创新创业教育校本化发展自然是两项重要工程，为真正实现高校创新创业型人才培养提质增效起到了至关重要的推动作用。为此，众创空间要更好地推动高校创新创业教育发展就必须确立校本化与教育联盟并行的实施方案，接下来就从实践层面将其策略作出明确的阐述。

（一）依托高校本体视角优化创新创业教育组织并建立工作模式

从高校创新创业教育发展角度出发，众创空间作为高校创新创业教育发展的重要载体，目的是为广大高校大学生提供具有实践意义和指导意义的创新创业教育平台，让当代高校大学生不仅可以强化创业意识，同时还能拥有与时代发展相同步的创新思维，真正让专业知识与技能与创新创业紧密结合起来。但是，如何才能切实做到高度结合并落地就成为关键中的关键。高校创新创业教育并不是以专业教育为主体，连带创新创业教育发展的模式，而是真正实现二者之间高度融合的教育模式，因此创新创业教育过程贯穿专业教育的同时，在专业教育活动中依然要紧紧围绕创新创业教育开展教育实践活动，让专业教育资源与创新创业教育资源形成相互衔接，形成学校固有的创新创业教育模式，避免高校创新创业教育只是趋于学术化的现象产生。

工作模式主要包括三部分。第一，专业教师通过众创空间接受高校创新创业教育，实现教师专业能力的进一步深化。其中，企业团队通过实际的创新创业流程和成功案例进行有效引导，确保专业教师能够深刻认知在专业领域创新创业的时代意义与价值。第二，专业课程围绕学校众创空间建设情况设置创新创业实践成功案例，力求学生在专业领域产生创新创业意识和思维得到发展。在课程教学活动中，注重课程内容有效穿插学校众创空间创新创业成功案例，引领学生在专业领域的创新创业意识与思维的发展。第三，专业课程评价体系依托学校众创空间进行创新创业能力评价，确保高校大学生创新创业实践能力的全面发展。在课程评价目标、评价原则、评价标准、评价主体、评价方法、评价指标体系的构建中，必须将众创空间管理人员、行业主管部门工作人员、政府有关工作人员作为主体，将高校创新创业教育众创空间建设与应用作为评价对象，针对学生创新创业意识、思维、实践能力作为评价视角，确保高校大学生在专业领域的创新创业实践能力得到全面发展。

（二）围绕高校创新创业教育校本教材构建开展学术探究和拓展资源平台

高校创新创业教育校本化的实质就是依托高校当前现有的创新创业教育资源，打造出适合高校创新创业型人才培养目标的创新创业课程，在当今高校创新创业教育发展大背景下，众创空间已经成为全面推进高校创新创业教育发展的载体，故而以此平台为重要依托建立具有鲜明特色的创新创业课程就成为高校普遍关注的焦点。在此期间，开发专有的校本教材并开展学术探究活动，同时将资源平台进行不断拓展显然至关重要。具体实施应分三步进行。

1.立足众创空间开发创新创业教育校本教材

教材作为教学内容的基本载体，是教育教学活动中教育信息的重要集合，所以课程建设与发展必须将教材的研发作为重要环节，高校创新创业教育校本课程建设与发展更是如此。要立足高校众创空间建设情况和发展目标，将成功的众创空间实践案例作为创新创业校本课程教材研发的重要依据，由此打造出特色鲜明、适用程度较高、应用价值显著的高校创新创业教育校本教材。

2.结合校本教材组织专业教育和创新创业教育工作者开展学术研讨

学术研讨显然是教育发展的重要推动力，高校创新创业教育发展道路中，立足教育主管部门提出的切实要求，深入贯彻专创高度融合的教育发展理念就必须不断开展深层次学术研讨活动。在此期间，要依托高校众创空间所打造出的校本课程教材，结合其内容组织专业教育和创新创业教育工作者共同开展学术研讨，确保教材的目标与内容具有高的适用性和实效性。

3.围绕众创空间建设与发展目标建设拓展型创新创业教育资源平台

众创空间建设与发展的最终目标就是不断增强高校创新创业项目的孵化能力，让高校大学生有更为直接的机会去感受什么是创新创业，进而引导学生创新创业意识、思维、能力的逐步形成。对此，高校创新创业教育发展道路中，必须以众创空间建设的主要目标为重要抓手，不断进行创新创业教育资源平台的完善，形成创新创业资源的不断拓展。

（三）结合高校创新创业教育联盟打造创新创业教育校本平台

创新创业教育联盟诞生于 2015 年，是集社会力量推进高校创新创业教育积极探索、改革、发展的一项重要举措。随着时间的推移，众创空间建设与发展的步伐日益加快，高校创新创业教育也逐渐通过该教育联盟逐渐形成与众创空间紧密结合的发展态势。在这里，面对众创空间与高校创新创业教育的高度融合的大环境，高校创新创业教育不能拘泥于一成不变，要立足学校自身众创空间发展的优势和目标，打造出具有自身特色的创新创业教育校本平台，具体操作应包括两个步骤。

1. 明确创新创业教育联盟众创空间建设与发展的现实情况

就当前高校创新创业教育发展的步伐来看，众创空间建设显然已经成为普遍抓手，创业团队的引进与成功创新创业实践方案显然众多，这不仅为高校创新创业教育发展提供了丰富的教育资源，同时也为高校创新创业教育模式的革新提供了有力依据，将其加以深度分析必然会促进高校创新创业教育众创空间建设目标与实施策略的科学完善。

2. 完善高校创新创业众创空间建设目标与实施策略

在明确高校创新创业教育联盟众创空间建设的思路、特色、优势的基础上，随即高校要立足本校创新创业教育发展道路，对众创空间建设的特点与模式进行深入分析，高度明确本校创新创业教育众创空间建设与发展的鲜明特色与优势条件，进而汲取创新创业教育联盟在众创空间建设与发展之长，不断强化众创空间在本校创新创业教育发展到路中的应用方案，从而确保众创空间真正成为本校创新创业教育的实操平台。

纵观本节所阐述的观点，不难发现在高校创新创业教育发展道路中，众创空间真正成为高校创新创业教育发展的重要载体需要做到校本化与教育联盟并行。其中，既要明确高校创新创业教育校本化的实质，又要明确高校创新创业教育联盟的责任与义务，最后还要明确高校创新创业教育校本化与教育联盟并行的实施方案，由此方可确保高校创新创业教育以众创空间建设与发展为重要依托，充分彰显创新创业教育的特色与优势，最终形成又好又快发展局面。

第三节 实现高校创新创业教育"实体化" 和"双完善"兼容并包

　　创新创业教育作为高校全面培养创新创业型人才的前沿阵地，教育教学活动能否贴地和人才培养全过程能否得到全面完善显然成为关键中的关键。众创空间作为高校创新创业教育活动高质量发展的理想平台，其理想之处主要就是体现在能够推动教育发展实现"实体化"和高度完善。为此，构建高校创新创业教育"实体化"和"双完善"兼容并包的实现路径至关重要。图7-3将实现路径包括的具体条件和因素加以直观呈现，后文将有针对性地做出具体阐述。

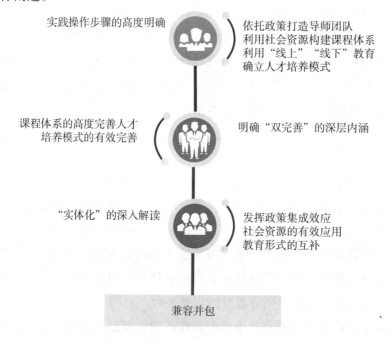

实践操作步骤的高度明确　　依托政策打造导师团队
　　　　　　　　　　　　利用社会资源构建课程体系
　　　　　　　　　　　　利用"线上""线下"教育
　　　　　　　　　　　　确立人才培养模式

课程体系的高度完善人才
培养模式的有效完善　　　　明确"双完善"的深层内涵

"实体化"的深入解读　　发挥政策集成效应
　　　　　　　　　　　社会资源的有效应用
　　　　　　　　　　　教育形式的互补

兼容并包

图 7-3　众创空间实现高校创新创业教育"实体化"和"双完善"的路径

　　如图 7-3 所示，在高校创新创业教育发展中，立足众创空间的有效利用实现"实体化"和"双完善"需要经过完整的过程。其中必须做到层层递进，由此方可确保实践路径更加科学化、合理化、系统化。"实体化"主要体现在保障性条件、教育资源、教育方式更加具有可操作性，"双完善"则是体现在课程体系建设和人才培养模式的高度完善，两者之间能够做到同步发展必然会推动创新创业教育实现更高质量的发展。本节内容就立足上述两个方面进行观点阐述。

一、高校创新创业教育"实体化"发展的系统性解读

2021 年，教育部高等教育司司长吴岩在从教育部 10 月 9 日在北京举行的新闻发布会中明确指出，必须将高校创新创业高质量发展落到实处，这显然是当今高校创新创业教育发展的不懈追求，更是对其发展所提出的具体要求，高校创新创业教育高质量发展如果不能落在实处必然会导致一切行为活动都是虚无缥缈。对此，在众创空间进一步推动高校创新创业教育高质量发展的道路中，要将"实体化"发展放在重要位置。"实体化"发展应从三个维度进行具体解读。

（一）政策集成效应的充分发挥

政策是国家行政机关为了实现某一奋斗目标，或者完成某一时期特定任务所采取措施的总称，不仅具有鲜明的导向作用，同时还具有强大的保障作用。在新时代中国特色社会主义现代化强国全面建设的背景下，把我国打造成为创新型国家是时代背景下的基本目标，高校创新创业教育提质增效是关键中的关键，充分发挥政策集成效应则是最基本也是最重要的前提条件，更是高校创新创业教育走向"实体化"的根本。接下来就以此为立足点，从三方面阐述面对"实体化"发展政策集成化效应的具体作用表现。

1. 整理并归纳推进新时代高校创新创业教育又好又快发展的相关政策

就当前我国关于全面加快高校创新创业教育发展步伐所发布的相关政策信息来看，主要体现在教育理念必须强调以人为本，必须以补齐短板、提质增效、增强人力资本、结合专业为目的，必须以协同推进、汇聚培养合力为主要措施，由此确保高校创新创业教育"实体化"发展能够拥有极为有利的政策环境作为支撑。针对于此，可将当前推进新时代高校创新创业教育又好又快发展的相关政策划分为三类：一是资金政策；二是人力资源政策；三是激励政策。资金政策是全面增强高校创新创业教育"硬件"条件和一切行动开展的重要保证，人力资源政策则是全面增强高校创新创业教育"软件实力"的重要前提，激励政策是全面增强高校创新创业教育发展动力可持续性的重要保证。

2.精准分析现有政策的实效性

就当前我国全面推进高校创新创业教育发展所提供的政策大环境来看，无论是在"硬件"和"软件"条件的升级方面，还是在保障条件的深化方面，显然都为之提供了强有力的政策保障，目的就是要让有利于新时代高校创新创业教育发展的载体能够得到全面构建，并且充分发挥出不可替代的作用，进而实现高校创新创业教育拥有极为强大的教育合力。针对于此，这也不难发现现有政策本身的实效性极为明显，以此为指导必然能够让高校创新创业教育的载体更为丰富，教育质量与水平得到可持续化的大幅提升。

3.高效利用政策引导作用，全面完善高校创新创业教育前提条件、动力条件、保障条件

在高度明确当前我国关于全面推进高校创新创业教育又好又快发展的基本政策，以及政策的实效性基础上，随之要根据各项政策所侧重的基本方向，不断将高校创新创业教育所存在的短板一一补齐。另外，还要在此基础上，将补齐的短板打造成高校创新创业教育本身的优势条件，进而让高校创新创业教育能够形成多方合力、协同发展的局面，进而前提条件、动力条件、保障条件必然会得到全面提升，让全面提升高校创新创业教育质量和水平拥有更多有力抓手。

（二）创新园区、科技企业孵化器、科研院所的有效应用

就当前时代发展的大环境来看，创新型国家建设无疑是一项长期任务，全面建设新时代中国特色社会主义现代化强国显然是长久目标所在。针对于此，我国各个领域在探寻发展道路中都紧紧围绕任务重点，始终秉承发展目标，不断孵化具有高度创新性的企业，将其作为创新性产业链条的重要组成部分，创新园区、科技企业孵化器、科研院所从中发挥的作用自是不可替代。在该时代背景下，高校创新创业教育"实体化"发展显然要做到将三者加以有效应用，具体操作必须从三方面加以高度重视。

1.明确创新园区、科技企业孵化器、科研院所的作用与价值

从时代背景角度出发，"创新园区"和"科技企业孵化器"是创新型国家建设与发展的必然产物，作用和价值就是全面孵化创新型企业，而科研院所则是我国高科技产业和高层次科技人才培养的基地所在，虽然不是新时代

发展背景下的产物，但却是全面加快时代发展步伐的核心推动力所在。为此，高校创新创业教育发展必须与这些具有实体性的机构或团体紧密结合起来，从而实现创新创业教育能够深入实处和最前沿，从"质"的层面提高创新创业教育水平，提升高校创新创业型人才培养效果。

2. 精准找到创新园区、科技企业孵化器、科研院所的应用方式

在明确三者的作用和价值的基础上，随之要高度明确如何让其与高校创新创业教育之间形成紧密结合，力求其作用和价值能够得到充分体现。在这里，"纽带"的正确选择固然重要，众创空间毫无疑问是最为理想的选择。其中，高校众创空间要拓展与三者之间的合作方式，同时在合作的领域上也应做到不断进行深度挖掘，让高校创新创业教育的外部资源能够得到最大限度的丰富。

3. 制定创新园区、科技企业孵化器、科研院所的应用路径

在明确创新园区、科技企业孵化器、科研院所作用与价值，并找到有效应用的方式基础上，随之要将具体的应用路径加以高度明确。其中，众创空间作为重要的衔接纽带，对外要做到联合开展创新创业项目的研发与攻关，对内还要组织创新创业课程教师、专业教师、学生围绕研发项目，共同开展创新创业项目实践探索活动，既要为学生自主开展创新创业实践活动提供强有力的指导作用，同时还要围绕创新创业项目为教师提供专项培训，以此保证创新创业教育中的"教"与"学"活动始终保持高质量。

（三）"线上"与"线下"两种教育形式缺一不可

从教育"实体化"的实质出发，就是在教育目标和内容上要有实质性，在教育形式和方法上要真正做到看得见和摸得着，让学生在能够夯实理论基础的同时，还能在技能、能力、素养方面得到全面加固。对此，在高校创新创业教育发展道路中，通过政策和教育载体的有效选择，能够在教育目标和内容上实现"实体化"，而在教具教学的形式和方法上做到"实体化"就必须强调线上教育和线下教育的同步发展，二者之间缺一不可，具体操作依然要由三方面组成，具体如下。

1. 确立"线下"教育活动的目标、内容、方法

"线下教育"通常指的就是课堂教育教学实践活动，其中包括理论基础

教学、实践项目教学、专家讲座等，目标就是要让学生通过最直接的引导和指导方式，增强其知识与技能、能力与素养。针对高校创新创业"线下教育"活动而言，目标和内容依然也是如此，要以师生互动、合作探究等方法来开展相关教育教学活动，力求学生永远是创新创业教育的主体，始终以满足学生创新创业教育意识、思维、能力全面发展为根本理念，突出同时空面对面教育教学形式不可替代的优势。

2. 找准"线上"教育活动实施的载体

随着现代科学技术发展速度的不断加快，网络信息技术的升级换代步伐无疑也是前所未有，各个领域在该时代背景下都在不断探寻产品和技术服务的创新，并且高度的创新成果转化也已经成为现实，教育技术正是在该时代背景下不断进行升级换代，为推动我国教育事业飞速发展提供了强大的技术支撑条件，"线上"教育活动固然成为我国教育事业始终保持又好又快发展态势的中坚力量。对此，高校创新创业教育显然要牢牢抓住时代所带来前所未有的发展机遇，将"在线开放课程平台"等教育载体作为基本选择，由此确保创新创业教育同时空和非对称时空状态下的教育教学活动作用和价值最大限度地展现。

3. 明确"线上"与"线下"教育活动的开展原则和路径

在原则上，必须做到两种教育形式之间保持有效衔接，让学生线上与线下学习始终保持高度自主的状态。其间，必须遵循支持学习自主原则、驱动主动学习原则、融通学习要素原则、深度融入技术原则，确保学生创新创业意识、思维、能力培养始终保持高度的自主性。在路径上，"线下"教育活动要以夯实学生知识基础和技能基础为主，并且在学生能力和素养的培育方面，要注重"普遍性"的培育，而"线上"教育活动则要为学生打造知识与技能的拓展空间，并且在学生能力与素养的培育上体现出高度的个性化，从支持与服务层面为之提供极为全面的资源保证。

二、高校创新创业教育"双完善"的深层次内涵

高校创新创业教育改革始终与时代发展的需要高度统一，改革步伐的不断加快说明新时代国家建设、民族复兴、社会发展提出了更高的要求和更为明确的目标，所以高校创新创业教育必须做到将课程体系和人才培养模式的进一步完善。其间，教育平台的构建与发展显然也要以此为契机，进而实现

创新创业教育质量和水平的全面提升。其中"双完善"的深层内涵也极为丰富，接下来就立足这两方面作出明确的阐述。

（一）课程体系的高度完善

"课程体系"泛指同一专业不同课程按照门类的排序，通常课程体系包括课程目标、课程内容、课程结构、课程活动方式，是学生学习课程相关知识、掌握相关技能、培养各项能力和素养的重要载体。高校创新创业教育实现高质量发展无疑也要将完善创新创业课程体系放在首要位置，众创空间从中发挥的作用显然不可替代，具体操作应包括四个方面。

1. 课程目标方面

通过各项学习活动，让学生不仅能掌握基本的创业知识和创业能力，同时还要在一定程度上培育学生创新意识和创业精神。其中特别是在学生情感能力、专业能力、方法能力、社会能力方面，要实现协同培养，故而带领学生主动去适应国家、民族、社会发展的需要，成为全面发展的人。

2. 课程内容方面

课程内容既要将理论教育内容作为基础，同时实践教育与之相互衔接，还要做到专业教育与之保持相互融合，形成专业性极强的创新创业教育平台。其间，理论教育课程应包括"创业基础""创业经济法""创业精神与实践""创造性思维与创新方法"等通识性课程，实践教育包括就业指导和职业生涯规划等课程之外，还要积极开展职业测评活动，通过制定《职业生涯记录本》帮助学生准确找到未来发展的具体方向。在专业教育融合方面，要将前沿新理论、新技术、新工艺渗透给学生，让学生能够结合所学专业知识找出未来创新创业的主要视角，最终让学生可以准确找到创新创业项目、准确把握住创新创业时机、制定出创新创业计划书，让学生在学习创新创业知识、掌握创新创业技能、培养创新创业能力和素养的过程中，始终能够让活动具有专业化的指导。

3. 课程结构方面

课程设置应该立足本科生院、科学技术发展研究院、人文社会科学院、国家文化发展研究院、科技园等单位，针对创新创业项目的选择、成果的转化、产业发展等多方面组织实训项目，并且举办各类创业计划大赛、开展创新创业项目、邀请优秀企业家举办创业讲座、开设创业俱乐部等，确保课程设置方案始终处于最优化的状态。

4. 课程活动方式方面

创新要做到从课堂开始、在课堂改变，创业要与企业和创业团队之间保持相互合作，共同搭建产学研用平台，创业理念的培养要从实践活动入手，拓展创新精神必须着眼创新创业项目的全面开展，由此保证学生无论是在理论基础方面的学习，还是创新创业意识、创新创业思维、创新创业能力、创新创业综合素养的发展中，都能根据时代发展需要得到强有力的引导和指导。

在此期间，高校众创空间无论是在理论课程基础部分的内容整合方面，还是在专业内容的融入和实践资源的开发方面，都要积极参与其中，做到各项内容保持高度适用的同时，还要做到各项教育教学活动的开展都能有科学方式和方法作为重要支撑，由此达到当今时代对"双创型"人才培养的总体要求。

（二）双创型人才培养模式的完善

"人才培养模式"是指在现代教育理论和教育思想的指导下，按照既定的目标与原则通过科学方法与手段开展人才培养活动的总称，实现学生知识与技能和能力与素养的全面发展。面对新时代中国社会主义发展的新目标与新任务，全面建设新时代中国特色社会主义现代化强国无疑是长远目标所在，将我国打造成为创新型国家固然是先任务的明确表达。高校创新创业教育作为全面加快新目标的实现，以及高质量完成新任务的重要抓手，建立并完善"双创型"人才培养模式显然是关键一环。众创空间的作用最大化更是至关重要，具体操作应包括三个方面。

1. 以创新创业带动就业的思想深层次传递

随着时代发展速度的不断加快，为高校人才提供的发展机会越来越多，只要高校大学生能够保持创新的眼光去寻找发展的视角，未来发展的前景自然不可限量，同时在创建团队的过程中，也会有更多志同道合的人或团体被吸引进来，进而不仅减轻自身的就业压力，更能为他人提供更多就业机会，从而减轻全社会的就业压力，而这也正是高校创新创业教育的根本初衷之一。为此，在教育实践活动中，众创空间必须做到通过创新创业实践项目将这一观点深深渗透至学生内心之中，并得到学生的高度认同，这显然是众创空间有效改变学生固有认知，实现价值观念正确转变的作用体现。

2. 导师团队的引领作用充分凸显

从教育教学工作的必备条件出发，教师、学生、教材任何条件缺一不可，高校创新创业教育的有序运行也是如此，而教师在理论教学方面为之提供强有力的引导作用，组织和指导学生全面开展创新创业实践活动更是必要前提。为此，在当今时代背景下，高校创新创业教育双创型人才培养模式构建必须将教师队伍的全面优化最为重中之重，要确保教师队伍建设向创新创业导师团队转变，力求引领学生创新创业意识、思维、能力的作用和效果达到最大化。众创空间作为拥有多支创业团队的载体，创业团队领军者无疑是导师团队培养和完善的重要突破口，将其纳入教师队伍序列之中，并参与课程建设与开发、教师培训、教育教学、教育质量评价等工作，势必会全面提升高校创新创业教育质量与整体水平。

3. 创新创业型企业孵化平台的高度完善

创新创业孵化平台建设作为高校创新创业教育实践活动深度开展的关键所在，将其转化为现实就必须要有充足的校外资源作为有力支撑，除了前文所提明确的政府部门充分发挥政策集成效应之外，与国内和国际创业团队联手共同打造创新性企业孵化基地更是关键中的关键。对此，高校众创空间必须发挥在资源方面的强大优势，确保高校创新创业教育实践水平不断实现质的飞跃。

三、实现高校创新创业教育"实体化"和"双完善"兼容并包的操作步骤

高校创新创业教育活动的全面开展，最终的指向显然在于学生能够自主进行创新创业项目的准确选择、创新创业时机的有效把握、创新创业项目实施方案的有效构建、创新创业项目实践路径的合理制定、创新创业行动策略的有效完善。在该指向下，高校创新创业教育活动必须做到高度务实，让教育教学活动本身能够体现出"实体性"特征，并且确保最丰富的教育资源始终能与高校大学生相对接，由此方可达到甚至超出创新创业型人才培养的预期目标。在此期间，"实体化"和"双完善"的同步进行就成为重点中的重点，具体操作主要由三个步骤组成，具体如下。

（一）以政策集成效应最大化为基点，打造专业化导师团队

结合当前高校创新创业教育现有政策来看，国务院办公厅、教育部高教司、科技部等部委已经下发了多条相关政策，如《关于进一步支持大学生创新创业的指导意见》《关于深化高等学校创新创业教育改革的实施意见》《2021中国高校创业投资发展白皮书》等，各地方政府也纷纷出台相关地方政策，全力加快高校创新创业型人才培养步伐。其中政策普遍强调在高校教师队伍建设方面，要从教师型教师队伍向导师型教师队伍建设迈进，从而增强高校创新创业教育"软实力"。对此，如图7-4所示先将专业化导师团队建设的基本政策保障加以高度明确，并在下文中结合具体政策类型所能够提供的支撑条件加以深入解读。

图 7-4　打造专业化导师团队的政策保障条件

如图 7-4 所示，在高校创新创业教育深化改革与发展中，有效利用众创空间实现专业化导师团队的全面打造必须做到依靠强大的政策保障条件，并且在实践中将其保障性政策深化落实，让政策集成效应最大程度体现出来。在此过程中，必须针对现有政策做出具体解读，并且找出能够提供的政策支撑条件包括什么，进而方可确保政策的保障性作用在集成效应中得到充分展现。下面就针对上述四个方面政策内容所提供的支撑条件作出明确阐述。

1. 资金扶持政策

教师队伍成功转型必然要有充足的资金作为前提，其原因就是组织培训、学习、交流、科研、实践活动都需要有充足的经费作为前提，所以高校创新创业教育打造专业化的导师团队就必须有资金扶持政策的支持作为前提，高校更要做到专款专用、责任到人。

2. 人才和创业团队引进政策

众所周知，高校创新创业教育发展道路中，教师队伍建设向专业化的导师型团队迈进需要保持"引进来"和"走出去"的思想，引进来固然要将更多的高质量创业团队引入学校，成为众创空间的一员，成为组织开展在校创新创业教师专业化培训的中坚力量[①]。除此之外，还要通过众创空间确保在校创新创业教师与校外创业团队和创新型企业之间形成创想沟通和交流，从而确保在校创新创业教师不仅具备扎实的理论教学功底，更具备极为突出的实践指导能力。为此，高质量的人才和创业团队的引进政策自然成为打造专业化导师团队极为重要的政策保障。

3. 突出贡献补贴政策

毋庸置疑的是，高校创新创业教育教师团队的构建与发展实现质的飞跃是一项极为系统的工程，必须要有骨干力量发挥带动作用，更要有科学的管理型人才发挥组织协调作用，由此方可确保高校创新创业教师队伍建设与发展逐渐实现成功转型。为此，这就需要有强大的补贴政策作为支撑，让具有突出贡献的教师能够始终保持推进教师队伍转型的热情。

---

① 汤建 . 安徽省应用型本科院校创新创业导师队伍建设：现状、影响因素及对策 [D]. 合肥：安徽大学，2017：18-22.

4."五创协同"激励政策

从高校创新创业教育改革与发展的目标来看，将高校大学生培养成创新创业型人才显然是恒久不懈的目标，教师不仅要向学生渗透自己在创新创业实践中的主创性，同时还要能够为之提供强大的助力，引领其创新创业发展的方向，主动与创新型企业之间保持频繁的交流和互动，让学生真正实现会创，而这也正是"五创协同"的真谛所在[①]。其间，有效将其转化为现实却并非易事，既需要有恒久的坚持，又需要不断完善自身专业能力与素养的韧劲，更要有指导与引领能力全面发展的决心，所以激励政策就成为打造专业化导师团队的一项重要的政策保障。

综合以上关于我国当前全面加快高校创新创业教育教师队伍建设与发展步伐的政策情况分析，可以看出无论是在资金扶持方面，还是在人才和创业团队引进、补贴政策、激励政策方面，都能体现出教师队伍建设要务实，高校众创空间不仅会从中获得政策层面的红利，同时也会在教师队伍培训方面发挥出不可替代的作用，最终实现将传统的教师队伍建设成为专业化导师团队，为创新创业教育的"实体化"和"双完善"提供强大的"软件"支撑力。

（二）立足创新园区、科技企业孵化器、科研院所，建立完善的高校创新创业课程体系

从时代发展角度出发，创新创业已经不再是一种号召，而是一种极为现实和极为迫切的需求，不仅在国家层面加大政策扶持力度，在社会层面也在全力开展实践探索，众创空间正如雨后春笋般纷纷建立。高校作为当代我国创新创业型人才培养的主阵地，建立理想的教育载体固然重要，通过教育载体打造出具有实体化特征的高校创新创业课程体系更是重中之重。在此期间，高校众创空间必然要发挥出重要的支撑作用，同时也要发挥出多方融合加快高校创新创业课程体系完善步伐的作用。其间，与创新园区、科技企业孵化器、科研院所保持紧密联系，建立多边互动合作关系就成为关键中的关键。

"创新园区"又称"创客公社"，是"创客空间"的升级版，也是创客空间的重要体现形式。该平台作为"创新""创意""创造"的集合，创新

---

① 郦浩.创业教育究竟激发了谁的创业意愿？——基于高校创新创业教育政策的实证分析 [J].高教探索，2019（9）：111-118.

创业实践体验，赶集强是最为重要的特征所在，众多创新创业项目都是在该"公社"中成功孵化出来，所以能够为我国高校创新创业教育深化发展提供强有力的载体。"科技企业孵化器"作为扶植中小型高新技术企业的服务机构，也是众创空间的重要组成部分，能够为初创中小型科技创新企业提供物理空间和基础服务，还能为之提供一系列相关的支持和服务条件，降低初创中小型科技创新企业投融资风险和科技成果转化率的同时，有效做到创业成本控制和提高创新创业成功率。"科研院所"顾名思义就是实施科学研究的机构或院所，主要承担国家重大科研项目的技术攻关工作，是我国高层次科技人才培养的基地所在，也是我国高新科技产业发展的核心支撑条件。特别是在 2019 年 7 月，科技部、中科院、教育部等六部委联合下发了《关于扩大高校和科研院所科研相关自主权的若干意见》，明确指出赋予高校联合科研院所自主开展探索性和创造性科研活动的权利，为我国创新型国家建设和全面加快新时代中国特色社会主义现代化强国建设步伐提供强有力的保证。

综合上述团体和机构在创新创业领域中的作用体现，不难发现其既能为公众创新创业提供良好的体验平台，强化创新型企业的孵化能力，更能为创新型企业的可持续发展提供强大的核心技术支撑条件。为此，高校创新创业教育发展道路中，众创空间这一教育载体实现作用的最大化必须做到全面联合上述团体和机构，共同开展学习、研讨，在共享各种创新、创意类产业项目的同时，还要将其视为创新创业课程开发和完善的主体。在此期间，既要确保课程体系建设与完善的观念与我国创新创业型人才培养的迫切需要相吻合，同时还要确保课程目标、课程内容、课程结构和课程活动方式既要有加固学生理论基础的平台，同时又要有学生体验创新创业全过程和有效进行交流与指导的载体，力求高校创新创业教育真正走上高度的实体化发展之路。

（三）依托"线上"和"线下"两种教育形式，构建双创人才培养协同发展新模式

随着网络信息技术的飞速发展，教育技术更新换代速度显然也在不断加快，"互联网＋教育"模式在当今时代背景下也成为高校教育教学活动高质量开展的重要依赖。为此，高校创新创业教育显然要牢牢把握时代发展的脉搏，通过教育技术的革新实现教育模式的全面升级，由此达到高校创新创业教育全面提质增效的目的，众创空间的作用必然会得到进一步发挥。其间，"线上"与"线下"两种教育形式相结合无疑是有力抓手，从而在无形中形成双创人才培养协同发展的新模式，具体操作如下。

1. 慕课的实现

"慕课"是一种超大型和超开放的网络课程，拥有一套极为完善的学习系统和管理系统，能够满足高校大学生跨地域高质量学习的需要，高校创新创业教育完全可将"慕课"作为日常教育教学活动的基本形式，让众创空间所包含的所有教育资源都能通过教育教学活动与高校大学生广泛分享。在此期间，要求高校图书信息中心、科研机构、众创空间、创新创业教育主管部门共同参与建设，制定创新创业慕课计划的同时，实现资源高度共享、课题广泛而又深度地交流，并让有关专家、众创空间管理者、创新创业理论课教师定期为之提供专业性指导，以解决学生在创新创业知识层面所遇到的实际问题。

2. 打造双师课堂

所谓的"双师课堂"，其实质就是一名主讲教师通过直播间进行远程授课，在学生学习端一名助教老师根据主讲教师所讲内容进行更为直接的答疑解惑，确保学生真正听懂主讲教师所传递的新知识，并且充分掌握学习技能。高校创新创业教育打造双师课堂也是如此，众创空间创业团队要肩负主讲教师的角色，在校创新创业教师要作为学生学习端的助教，让更为丰富的教育资源传递到学生手中的同时，也能够得到更好的理解和掌握，进而实现高校大学生通过双师课堂与高校众创空间形成有效对接。

3. 虚拟现实技术的运用

毋庸置疑的是，高校大学生创新创业意识、思维、能力的形成与发展往往需要有较为真实的情境作为依托，为学生打造出真实程度较高的创新创业空间显然至关重要。其间，高校众创空间创业团队可以录制 VR 视频课，让学生在虚拟的情境中体验真实的创业氛围，让其能够理解选择创新创业项目、把控创新创业时机、构建创新创业实施方案、制定创新创业流程实施路径的原则，为积极参与众创空间组织的创新创业实践活动打下坚实基础。

参考文献

[1] 裴小倩，严运楼.高校创新创业教育协同机制研究 [M].上海：上海交通大学出版社，2018.

[2] 北京中科创大创业教育投资管理有限公司，中科招商投资管理集团股份有限公司，中关村中科创新创业教育基金会.2017 中国高校创新创业教育发展蓝皮书 [M].北京：冶金工业出版社，2018.

[3] 丁琰.地方应用型高校创新创业教育与实践研究 [M].延吉：延边大学出版社，2018.

[4] 曾绍玮，李应.高校创新创业教育探索与实践研究 [M].成都：电子科学技术大学出版社，2021.

[5] 李喆.地方高校创新创业教育研究 [M].济南：山东人民出版社，2020.

[6] 赖美詹.高校创新创业教育对大学生创新创业素质及行为的影响研究 [D].北京：北京邮电大学，2019.

[7] 杨月涵.学生视角下高校创新创业教育评价指标体系研究 [D].天津：天津理工大学，2019.

[8] 邓冰凌.江西高校创新创业教育路径研究 [D].南昌：江西科技师范大学，2018.

[9] 李梦.高校创新创业教育师资队伍建设研究 [D].哈尔滨：黑龙江大学，2018.

[10] 许钰.高校创新创业教育实训平台绩效管理研究 [D].昆明：云南财经大学，2020.

[11] 陈艳霞.澳大利亚高校创新创业教育特色研究 [D].厦门：厦门大学，2019.

[12] 叶佳.江西省高校创新创业教育政策及其实施效果研究 [D].南昌：江西财经大学，2020.

[13] 张鸽.高校创新创业教育及课程研究 [D].西安：西安电子科技大学，2012.

[14] 张茂然.高校创新创业教育参与对大学生创造力的影响研究 [D].长沙：长沙理工大学，2020.

[15] 吴惠 . 高校创新创业教育与专业教育融合共生的路径研究 [D]. 常州：常州大学，2021.

[16] 胡玲，杨博 . 高校创新创业教育效果的影响因素研究——基于 2016—2018 年我国 150 所创新创业典型经验高校的数据 [J]. 华东师范大学学报（教育科学版），2020，38（12）：64–75.

[17] 朱宇，马景惠，赵爽 . 新时代我国高校创新创业教育的形势思考与实践探索——以吉林大学为例 [J]. 实验技术与管理，2021，38（03）：23–28.

[18] 李亚员，牛亚飞，李畅 . 我国高校创新创业教育生态系统建设研究的成效与展望 [J]. 高校教育管理，2021，15（04）：115–124.

[19] 李杰 . 产教融合背景下高校创新创业教育协同育人机制构建研究 [J]. 教育与职业，2021（15）：73–77.

[20] 康晓玲，李朝阳，刘京，等 . 高校创新创业教育政策扩散的影响因素研究——以中国"双一流"A 类高校为例 [J]. 软科学，2021，35（10）：37–43.

[21] 李亚员，刘海滨，孔洁珺 . 高校创新创业教育生态系统建设的理想样态——基于 4 个国家 8 所典型高校的跨案例比较分析 [J]. 高校教育管理，2022，16（02）：32–46.

[22] 刘帆 . 高校创新创业教育现况调查及分析——基于全国 938 所高校样本 [J]. 中国青年社会科学，2019，38（04）：67–76.

[23] 陈勇平 . 论三螺旋理论视角下的高校创新创业教育协同机制 [J]. 教育与职业，2020（10）：92–97.

[24] 丁玉斌，刘宏达 . 大数据时代高校创新创业教育的挑战、问题与对策 [J]. 学校党建与思想教育，2018（21）：72–76.

[25] 梅伟惠，孟莹 . 中国高校创新创业教育：政府、高校和社会的角色定位与行动策略 [J]. 高等教育研究，2016，37（08）：9–15.

[26] 丁凯，张锐，张强 . "双一流"建设背景下高校创新创业教育供给侧改革的路径 [J]. 江淮论坛，2019（01）：185–192.

[27] 徐小洲 . 转型升级期高校创新创业教育生态系统建构策略 [J]. 教育发展研究，2019，39（Z1）：102–108.

[28] 郗浩 . 创业教育究竟激发了谁的创业意愿？——基于高校创新创业教育政策的实证分析 [J]. 高教探索，2019（09）：111–118.

[29] 王鑫 . 创客文化视域下高校创新创业教育的影响因素与内涵优化 [J]. 思想理

论教育，2021（02）：106–111.

[30] 苗苗，宁迪，王耀卫.基于大学生参与动机视角的高校创新创业教育内容分析研究[J].成都大学学报（社会科学版），2021（01）：114–122.

[31] 杨晓婷，张宝生，姜红梅.产教融合背景下高校创新创业教育的发展现状和路径探索[J].黑龙江教师发展学院学报，2021，40（08）：7–9.

[32] 薛成龙，卢彩晨，李端淼."十二五"期间高校创新创业教育的回顾与思考——基于《高等教育第三方评估报告》的分析[J].中国高教研究，2016（02）：20–28+73.

[33] 段刚龙，胡海青，王艳，等.基于"三融合"的高校创新创业教育生态系统建设研究[J].高等理科教育，2021（06）：40–45.

[34] 申双花.地方性高校创新创业教育课程体系建设的现实矛盾与提升路径[J].教育与职业，2022（04）：79–83.

[35] 胡玲，杨博.高校创新创业教育生态体系构建研究——以北京地区13所创新创业典型经验高校为例[J].高等理科教育，2020（05）：26–35.

[36] 刘振中.高校创新创业教育与专业教育的深度融合——基于L学院旅游管理专业的思考[J].教育理论与实践，2018，38（33）：12–14.

[37] 贾建锋，姚旭生.高校创新创业教育评价体系设计——基于消费者导向评价模式理论的视角[J].东北大学学报（社会科学版），2019，21（01）：82–88+95.

[38] 卢扬奎.高校创新创业教育面临的困境及拓展路径探索——以广西民族大学为例[J].学校党建与思想教育，2019（04）：59–61.

[39] 何继新，李露露.高校创新创业教育体系框架与科学范式：一个学术和产业双元视角[J].黑龙江高教研究，2019，37（01）：29–34.

[40] 姚远，吴放."立德树人"在高校创新创业教育生态系统中的价值引领研究——以嵌入理论为视角[J].学校党建与思想教育，2019（21）：90–94.

[41] 王志强.从"科层结构"走向"平台组织"：高校创新创业教育的组织变革[J].中国高教研究，2022（04）：44–50.

[42] 林树生，陈章宫，刘武强."三全育人"视域下高校创新创业教育与服务乡村振兴融合的思考[J].创新创业理论研究与实践，2021，4（01）：66–68.

[43] 田静，孙家文.浅析协同创新视域下高校创新创业教育评价体系构建[J].改革与开放，2022（01）：50–58.

[44] 袁晶，田贤鹏.新常态背景下高校创新创业教育的发展现状与路径选择——基于"长三角地区"八所高校的调研分析[J].现代教育管理，2018（06）：35-41.

[45] 郭建锋，花会娟.五大发展理念引领下高校创新创业教育路径优化研究[J].思想教育研究，2018（09）：114-117.

[46] 金伟林，吴画斌，王侦.协同创新视域下高校创新创业教育优化升级路径研究[J].经营与管理，2021（04）：137-141.

[47] 和洁.构建教育生态系统助力高校创新创业——评《高校创新创业教育生态系统构建研究》[J].山西财经大学学报，2021，43（08）：133.

[48] 廖烨檬.新时代劳动教育与高校创新创业教育融合的价值意蕴和路径研究[J].佳木斯职业学院学报，2021，37（11）：102-103.

[49] 韦齐齐.产教融合背景下高校创新创业教育创新发展实践——评《新时代高校创新创业教育理论与实践》[J].科技管理研究，2021，41（18）：241.

[50] 任立肖，石玉茹，常呈蕊.基于过程方法与内部因素的高校创新创业教育评价[J].中国轻工教育，2021，24（05）：37-44+61.

[51] 吴立全，刘灵芝.高校创新创业教育课程建设质量监测与评价体系实践探索[J].黑龙江畜牧兽医，2020（02）：144-146.

[52] 张超，张育广.高校创新创业教育生态系统运行策略研究——基于生态位理论视角[J].实验室研究与探索，2019，38（01）：163-166.

[53] 钟磊，袁媛.高校创新创业教育的价值定位、现实困境及策略选择[J].黑龙江高教研究，2019（04）：121-125.

[54] 李月云，杨文艺.强化协同：新建本科高校创新创业教育改革的路径选择[J].国家教育行政学院学报，2016（02）：56-60.

[55] 李凤云，董志杰.中国高校创新创业教育的政策扩散：过程、机制与展望[J].创新与创业教育，2021，12（06）：21-29.

[56] 刘博，袁勇.高校创新创业教育现状分析与对策研究——以沈阳建筑大学为例[J].产业与科技论坛，2013，12（04）：169-170.

[57] 刘刚，李庆亮，王庆材，等.林科类高校创新创业教育模式的探索与实践——以山东农业大学林学院开展创新创业教育为例[J].张家口职业技术学院学报，2013，26（02）：11-13.

附录：高校创新创业教育众创空间创新孵化能力评价指标体系

评价内容	一级评价指标	二级评价指标
创新创业教育众创空间基础服务	场地设施	办公硬件资源
		办公服务条件
	管理团队建设与日常工作安排	管理团队建设
		管理制度与流程的实施
创新创业教育众创空间创业服务	创业培训工作	创业教育培训的频次
		创业教育培训的规模和平台
	日常创业交流活动	创业交流活动的对象与频率
		创业交流活动的次数与规模
	投融资指导	创新创业项目投融资中介服务
		创新创业项目投融资直接服务
	技术创新指导	参与技术研发
		提供技术指导服务
	高校创新创业教育发展与人才保障	注册的创新创业项目数量
		人才创新创业导向作用的体现

评价内容	一级评价指标	二级评价指标
资源聚集程度	创客聚集程度	创业团队进驻学校的数量
		初创团队入驻数量和增长数量
	导师团队聚集程度	创业导师团队结构和规模
		创业导师团队数量和辅导质量
	校外相关资源链接享有程度	国内创新创业资源链接数量
		国际创新创业资源链接数量
创新创业教育众创空间服务成效	财务绩效	大学生创新创业项目收入
		办公场地与设施支出情况
	社会作用	为高校大学生提供就业岗位情况
		创新创业项目团队的知识产权总数
	特色与优势展现	获得政府肯定和嘉奖的创新创业项目数量
		获得政府支持的创新创业项目数量